Millionärs mission 2024:

Durch eine einfache Schritt-für-Schritt-Methode vermittelt dieses Buch kluge Finanzentscheidungen, transformiert Finanzen und hilft beim Erreichen von Vermögensteilen.

Roy R. Joseph

Die Mission eines Millionärs

Alle Rechte vorbehalten. Kein Teil dieser Veröffentlichung darf ohne die vorherige schriftliche Genehmigung des Herausgebers in irgendeiner Form oder mit irgendwelchen Mitteln, einschließlich Fotokopie, Aufzeichnung oder anderen elektronischen oder mechanischen Methoden, reproduziert, verbreitet oder übertragen werden, außer im Falle kurzer Zitate in kritischen Rezensionen und bestimmten anderen nichtkommerziellen Nutzungen, die durch das Urheberrecht zulässig sind.

Copyright © Roy R. Joseph, 2024.

Die Mission eines Millionärs

Inhaltsverzeichnis

Einführung: Was ist finanzielle Freiheit?
- Ändern Sie Ihre Perspektive für finanziellen Erfolg

Kapitel eins
- Warum es wichtig ist, Ihr Vermögen zu kennen

Kapitel Zwei
- Ein Cashflow-Budget

Kapitel drei
- Die Grundlagen der Schulden kennen
  - Die Psychologie der Schulden: Ihre Auswirkungen auf Emotionen und Geist
  - Leben nach dem Bankrott: Wiederherstellung gerechter Finanzen

Kapitel Vier
- 10 gefragte und gut bezahlte Talente

- Erschließen Sie Ihr Verdienstpotenzial: 10 Möglichkeiten, Ihr Einkommen zu steigern

Kapitel fünf
- Ein wichtiges Handbuch zur Einrichtung eines Notfallfonds
- Ein Notfallfonds: Was ist das?

Kapitel sechs
- In die Zukunft investieren: Wie Sie Ihr Geld für sich arbeiten lassen
- Was beinhaltet Investieren?

Kapitel sieben
- Warum ist Vermögensschutz so wichtig?
- Das Grundlegende untersuchen Phasen des Vermögensschutzes
- Finanzielle Freiheit: Was ist das?

Einführung

Was ist finanzielle Freiheit?

Finanziell frei zu sein bedeutet, keine reguläre Beschäftigung zu benötigen und über genügend Ersparnisse, Vermögen und Einkommen zu verfügen, um das von Ihnen gewählte Leben zu führen. Es geht darum, die Verantwortung für Ihre finanzielle Situation und Ihre Entscheidungen zu übernehmen.

Wenn man finanziell frei ist, entsteht ein Universum an Möglichkeiten.
Realistische Methoden zur Erlangung finanzieller Unabhängigkeit.
Für viele ist die Erlangung finanzieller Unabhängigkeit ein Ziel. Dabei geht es darum, ausreichend Geld, Investitionen und liquide Mittel anzusammeln, um Ihnen zu ermöglichen, das Leben zu führen, das Sie sich wünschen, und Ihre Ziele zu erreichen, ohne den Zwängen der regulären Arbeit ausgesetzt zu sein. Wenn wir finanziell frei sind, arbeitet unser Geld für uns statt gegen uns.

Wie kann man finanzielle Unabhängigkeit erreichen?

Um finanzielle Unabhängigkeit zu erlangen, müssen Sie Ihre Verbraucherschulden abbezahlen, ein Sicherheitsnetz an

Ersparnissen aufbauen und durch Investitionen in oder die Führung Ihres eigenen Unternehmens genügend passives Einkommen generieren, um Ihre Lebenshaltungskosten jetzt und in der Zukunft zu decken.

Warum ist finanzielle Unabhängigkeit wichtig?

Wenn Sie finanziell unabhängig sind, können Sie Ihr Leben so leben, wie Sie es für richtig halten. Deshalb ist es wirklich wertvoll:

Verminderte Angst und Stress: Für viele Menschen sind finanzielle Sorgen ein großer Grund für Stress. Dieser Druck wird durch die finanzielle Unabhängigkeit gemildert und Sie können sich auf die Dinge konzentrieren, die im Leben wirklich zählen.

Mehr Freiheit und Zeit: Durch die finanzielle Unabhängigkeit haben Sie mehr Zeit. Sie müssen keinen Job annehmen, den Sie verabscheuen, nur um über die Runden zu kommen. Sie können reisen, Hobbys nachgehen, mehr von Ihren Lieben sehen oder sich sogar ehrenamtlich für Organisationen engagieren, die Ihren Werten entsprechen.

Erhöhte Sicherheit und Achtsamkeit: Geld zu haben gibt einem ein Sicherheitsnetz. Unerwartete Ereignisse wie Arbeitsplatzverlust oder Gesundheitskrisen werden weniger beängstigend. Sie haben genug Geld, um diesen Stürmen standzuhalten und weiterhin so zu leben, wie Sie es möchten.

Erhöhte Kontrolle über Ihr Leben: Wenn Sie über genügend Geld verfügen, können Sie Entscheidungen treffen, die Ihren Moralvorstellungen entsprechen. Wenn Sie sich für eine Teilzeitbeschäftigung, die Gründung eines eigenen

Unternehmens oder eine kreative Tätigkeit entscheiden, müssen Sie keine finanziellen Konsequenzen befürchten.

Verbessertes allgemeines Wohlbefinden: Ein sinnvolleres Leben geht mit finanzieller Unabhängigkeit einher. Mehr Zeit für Ihre Interessen, weniger Sorgen und die Freiheit, Ihre Ziele zu erreichen, sind Faktoren, die zu Glück und Wohlbefinden beitragen.

Bei finanzieller Unabhängigkeit geht es nicht darum, sehr reich zu werden. Letzten Endes geht es darum, die Flexibilität zu haben, das Leben zu führen, das Sie wählen, ein Gleichgewicht zwischen Einkommen und Ausgaben zu finden und über die Mittel zu verfügen, um Ihre Bedürfnisse und Ziele zu erfüllen.

Aufgrund steigender Schulden, unerwarteter Ausgaben, übermäßiger Konsumausgaben und anderer Probleme fällt es uns schwer, unsere wichtigsten finanziellen Ziele zu erreichen. Jeder muss sich mit diesen Problemen auseinandersetzen, aber Sie können den besten Weg zu finanzieller Gesundheit einschlagen, indem Sie die folgenden Gewohnheiten übernehmen:

Legen Sie Geld für alle Ihre Notwendigkeiten beiseite; diesen Plan umsetzen; Zahlen Sie Ihre Kreditkarten vollständig ab, um Ihre Schulden zu minimieren. und behalten Sie Ihre Punktzahl im Auge.

Beauftragen Sie einen Finanzberater, beginnen Sie mit dem Sparen, bleiben Sie über Steuervorschriften auf dem Laufenden, richten Sie automatische Zahlungen über die Altersvorsorge Ihres Arbeitgebers ein und richten Sie einen Notfallfonds ein.

Seien Sie so sparsam wie möglich, leben Sie im Rahmen Ihrer Möglichkeiten und scheuen Sie sich nicht, nach besseren Angeboten zu fragen oder diese auszuhandeln.

Die Wartung Ihrer persönlichen Gegenstände ist kostengünstiger als der Austausch, also kümmern Sie sich gut um sie. Noch wichtiger ist jedoch: Passen Sie auf sich auf und bleiben Sie gesund.

Ausreichendes Einkommen oder reichlich Vermögen
Wenn Sie finanziell frei sind, bedeutet das, dass Sie nicht arbeiten oder zusätzliche Zeit oder Energie aufwenden müssen, um Geld zu verdienen, um Ihren Lebensunterhalt und viele Ihrer Lebensziele zu decken. Dabei kann es sich um eine oder beide der folgenden Ressourcen handeln:

unabhängiges Einkommen
Sie können finanziell unabhängig sein, wenn Sie ein eigenes Unternehmen besitzen, staatliche Unterstützung erhalten oder über andere dauerhafte Einkommensquellen verfügen, für die Sie nicht arbeiten müssen. Wenn Sie dazu berechtigt sind, werden die Sozialversicherungsbeiträge jeden Monat gezahlt. Unabhängig von der Zeit, die Sie investieren, können Sie bezahlt werden, wenn Ihr Unternehmen so weit gewachsen ist, dass Sie sich aus dem Tagesgeschäft zurückziehen können. Die Miete wird einmal im Monat an den Eigentümer gezahlt, während die Hausverwaltung oft die Instandhaltung überwacht und das Risiko trägt, an einen Mieter zu vermieten, der eine oder mehrere Zahlungen nicht leistet.

Wenn Sie selbst genug Geld verdienen, um Ihre Bedürfnisse und Wünsche zu decken, sind Sie finanziell frei.

Reichlich Vermögen

Im Allgemeinen sind Investitionen in Aktien, Bargeld auf Bankkonten und wertvolle Immobilien Vermögenswerte, die die finanzielle Unabhängigkeit fördern. Sie müssen zunächst in solche Vermögenswerte investieren – typischerweise beträchtliche Geldbeträge, die über einen längeren Zeitraum verteilt sind –, um sie für den Prozess der Erlangung finanzieller Unabhängigkeit einzusetzen. Die meisten Finanzberater würden Ihnen beispielsweise raten, dass die Einhaltung eines konsistenten 401(k)-Beitragsplans für Ihre langfristige finanzielle Sicherheit und Stabilität von wesentlicher Bedeutung ist. Viele Menschen stellen möglicherweise fest, dass dies der Fall ist, wenn sie früh genug mit dem Investieren beginnen (in ihren Zwanzigern, Dreißigern oder sogar Vierzigern). Aber wer mit dem Investieren bis zu seinem 50. Lebensjahr oder älter aufschiebt, wird nicht genug Zeit haben, um von der Macht des Zinseszinses zu profitieren. Unter Berücksichtigung der Inflation verdoppeln sich ihre Beiträge in der Regel nicht einmal.

Der Aufbau finanzieller Unabhängigkeit mit Vermögenswerten kann eine Herausforderung darstellen. Betrachten Sie es als einen heiklen Balanceakt. Um genug Geld zu haben, um Ihre Rechnungen zu bezahlen und gleichzeitig mit dieser Strategie Ihre Lebenshaltungskosten und Ziele zu decken, müssen Sie einen Vermögenswert verkaufen. Wenn Sie einen Vermögenswert (z. B. eine Immobilie) nicht schnell genug verkaufen können, um das Geld vor Fälligkeit Ihrer Schulden zu erhalten, kann es zu Komplikationen kommen. Diese Personen könnten als „bargeldarme Millionäre" bezeichnet werden, da ihr Vermögen zwar einen Wert von über 1 Million US-Dollar hat, sie aber nicht schnell genug darauf zugreifen können, um es zu nutzen.

Wenn Ihnen vor Ihrem Tod die Vermögenswerte ausgehen, die Sie liquidieren können, könnte das ein viel größeres Problem sein. Im Grunde haben Sie kein Geld mehr, um Ihre Zahlungen zu bezahlen, wenn Sie Ihr gesamtes Vermögen zu schnell aufbrauchen.

Die meisten finanziell unabhängigen Familien kombinieren beide Strategien. Sie verfügen möglicherweise über eine eigene Einkommensquelle, beispielsweise über die Sozialversicherung, ein Unternehmen oder Investitionen in Dividendenaktien, verfügen aber wahrscheinlich auch über genügend Vermögenswerte auf den Aktien- und Immobilienmärkten, um finanzielle Sicherheit zu bieten, da sie wissen, dass sie viel zu tun haben zurückgreifen, falls es mal eng werden sollte.

Lebensziele
Notieren Sie sich den Gesamtbetrag (Einkommen und Vermögen), der zur Unterstützung Ihres gewünschten Lebensstils erforderlich ist. Geben Sie das Jahr an, in dem Sie Ihre Ziele erreichen möchten, und geben Sie an, ob Sie dafür Zahlungen leisten müssen oder nicht. Ihre Chancen, Ihre Ziele zu erreichen, steigen mit deren Spezifität. Arbeiten Sie sich als Nächstes auf Ihr aktuelles Alter zurück und legen Sie regelmäßig finanzielle Meilensteine fest. Dabei kann es sich um konkrete Ersparnisse oder neu erworbene Vermögenswerte handeln.

Ausgabenplan
Das Erstellen und Befolgen eines monatlichen Familienausgabenplans ist eine entscheidende Möglichkeit, um sicherzustellen, dass alle Ausgaben pünktlich bezahlt werden und dass die Investitionen und die Entwicklung eines unabhängigen Einkommens wie geplant verlaufen. Die Erstellung eines regelmäßigen Budgets hilft Ihnen dabei, Ihre

finanziellen Ziele im Auge zu behalten und stärkt Ihre Entschlossenheit, dem Drang, zu viel auszugeben, zu widerstehen. Ladekarten und Verbraucherkredite mit hohen Zinssätzen bergen Risiken für Ihre Bemühungen, Geld anzusammeln. Weitere Ratschläge finden Sie in den fünf wichtigen Budgetierungsrichtlinien.

Bezahlen Sie Ihre Rechnungen und Verpflichtungen.
Im Vergleich zu Kreditkarten und Kundenkarten haben Studienkredite, Hypotheken und andere vergleichbare Kredite oft deutlich niedrigere Zinssätze, was ein geringeres Risiko für Ihre finanzielle Situation darstellt. Mit Kreditkarten könnten Sie hochverzinsliche Schulden im Wert von Hunderten von Dollar anhäufen. Lange Zeit hoch verschuldet zu sein, ist das genaue Gegenteil von Unabhängigkeit. Schulden bedeuten schließlich Pflicht und sogar Knechtschaft, was dem Gedanken der finanziellen Unabhängigkeit direkt zuwiderläuft.

Sparen
Priorisieren Sie die Selbstzahlung. Das raten Finanzexperten oft. Melden Sie sich für den von Ihrem Arbeitgeber angebotenen Altersvorsorgeplan an und profitieren Sie in vollem Umfang von eventuellen Zusatzbeiträgen. Eine gute Idee ist auch die Einrichtung eines Notfallfonds (oder einer automatischen Überweisung von Ihrem Bankkonto), den Sie für unvorhergesehene Ausgaben verwenden können und der von Ihrem Unternehmen automatisch eingezahlt werden kann. Denken Sie darüber hinaus für ein individuelles Rentenkonto darüber nach, einen automatischen Beitrag zu einem Maklerkonto einzurichten.

Bedenken Sie jedoch, dass der empfohlene Sparbetrag heftig umstritten ist und unter bestimmten Umständen sogar Zweifel an der Angemessenheit eines solchen Fonds bestehen.

Investieren
Investieren ist zweifellos der zuverlässigste und effektivste Ansatz, um Ihr Geld zu vermehren. Jetzt ist der perfekte Zeitpunkt, Ihre Hausaufgaben zu machen und zu entscheiden, wie Sie mit dem Investieren beginnen sollen – ein 401(k) oder ein IRA. Aber los geht's. Das ist der wichtigste Schritt.

Behalten Sie Ihre Bonität im Auge.
Jeder Zinssatz für Kreditkarten, Kundenkarten, Auto-, LKW- oder Hauskredite oder Refinanzierungen wird von der Kreditwürdigkeit einer Person beeinflusst. Es wirkt sich auch auf andere Posten aus, beispielsweise auf die Preise für Lebensversicherungen und Kfz-Versicherungen. Die logische Schlussfolgerung ist, dass eine Person, die ein riskantes finanzielles Verhalten an den Tag legt, möglicherweise auch rücksichtslos fährt und übermäßig konsumiert. Tatsächlich ist die Wahrscheinlichkeit, dass Personen mit einer niedrigeren Kreditwürdigkeit in Unfälle verwickelt werden und höhere Ansprüche bei ihren Versicherungsgesellschaften einreichen, höher als bei Personen mit einer besseren Kreditwürdigkeit. Das soll nicht heißen, dass jemand mit schlechter Bonität ein schlechter Autofahrer ist, genauso wenig wie man sagen will, dass ein 23-jähriger Single kein schlechter Autofahrer ist. Er ist jung, unverheiratet und männlich; Daher werden seine monatlichen Prämien höher sein. Schlechte Bonität ist einer der verschiedenen Risikopools, die Versicherungsunternehmen bei der Berechnung Ihrer monatlichen Rate berücksichtigen.

Schnäppchen
Viele Amerikaner zögern, um Waren und Dienstleistungen zu feilschen, weil sie denken, dass sie dadurch billig erscheinen. Viele Ausländer würden den Amerikanern raten, diese kulturelle Barriere zu überwinden. Möglicherweise können

Sie Hunderte von Dollar pro Jahr sparen. Vor allem kleinere Einzelhändler sind in der Regel zum Feilschen bereit. Durch häufige oder große Einkäufe können gute Rabatte erzielt werden.

Erwerben Sie das nötige Wissen.
Bleiben Sie über Marktentwicklungen und Finanznachrichten auf dem Laufenden und scheuen Sie sich nicht, Ihr Finanzanlageportfolio bei Bedarf zu ändern. Wissen ist die stärkste Verteidigungslinie gegen diejenigen, die naive Kunden ausnutzen, um schnell Geld zu verdienen. Um zu vermeiden, dass Sie es mit Ihrer Kreditkarte übertreiben, sollten Sie sich über Ihr Kreditlimit im Klaren sein. Es ist Ihre Pflicht, über solche Informationen informiert zu werden.

Beobachten Sie Ihre Sachen.
Von Autos und Rasenmähern bis hin zu Schuhen und Kleidung überlebt alles länger, wenn Sie Ihr Haus und Ihre Habseligkeiten richtig pflegen. Was wäre, wenn Sie nicht so oft Schuhe und Kleidung kaufen müssten? Sie können weniger Geld ausgeben, wenn Sie Ihr Auto länger behalten. Wartung ist der Schlüssel zum Geldsparen.

Lebe unter deinen Verhältnissen.
Es ist nicht so schwer, wie es scheint, einen sparsamen Lebensstil anzunehmen, indem man sich die Mentalität aneignet, das Beste aus dem Leben herauszuholen und dabei weniger zu verbrauchen. Viele wohlhabende Menschen führen ein sparsames Leben, um an ihr Geld zu kommen. Sparsam zu sein bedeutet nicht, dass man sich für einen minimalistischen Lebensstil, einen Müllcontainer-Lebensstil oder übermäßiges Horten entscheidet. Sparsam zu sein bedeutet, mit Wertgegenständen klug einzukaufen und gut auf sie aufzupassen.

Suchen Sie professionelle Beratung.
Wenn Sie professionelle Finanzberatung in Anspruch nehmen, die Sie weiterbildet und Ihnen dabei hilft, kluge Entscheidungen zu treffen, können Sie Probleme vermeiden, selbst wenn Sie noch nicht mit dem Aufbau von Geld begonnen haben. Zahlreiche vertrauenswürdige Fachleute stehen Ihnen kostenlos oder gegen eine geringe Gebühr zur Verfügung; Diese Spezialisten reichen von autorisierten Finanzberatern über gemeinnützige Kreditberatungsorganisationen bis hin zu Ihrem örtlichen Bezirkserweiterungsspezialisten.

Gesund bleiben.
Einige Arbeitgeber erlauben nur eine bestimmte Anzahl von Krankheitstagen. Wenn diese Tage wegfallen, bedeutet dies einen erheblichen Einnahmeverlust. Krankheiten und Gewichtsprobleme treiben die Versicherungskosten in die Höhe, und ein schlechter Gesundheitszustand kann zu einem vorzeitigen Ruhestand mit geringeren Leistungen führen. Auch wenn die Sorge um Ihre Gesundheit nicht alle finanziellen Probleme heilt, hilft sie Ihnen, nützliche Gewohnheiten zu entwickeln, die Sie auf den Weg zur finanziellen Unabhängigkeit bringen.

Wie kann ich feststellen, ob ich finanzielle Unabhängigkeit erreicht habe?
Wenn Sie bequem leben können, ohne auf reguläre Arbeit oder Beschäftigung angewiesen zu sein, und über ausreichende Vermögenswerte oder Einkommensquellen verfügen, um Ihre Grundbedürfnisse und die gewünschte Höhe an Ermessensausgaben zu decken, haben Sie finanzielle Unabhängigkeit erreicht. Dies bedeutet, dass es Ihnen freisteht, zu arbeiten oder nicht zu arbeiten, zu reisen, Ihren Hobbys und Leidenschaften nachzugehen und Ihr Leben so zu leben, wie Sie es für richtig halten.

Sie sollten ein detailliertes Budget erstellen, das alle Ihre Kosten wie Unterkunft, Nahrung, Versorgung, Transport, Versicherung und diskretionäre Ausgaben berücksichtigt, um beurteilen zu können, ob Sie finanzielle Unabhängigkeit erreicht haben. Danach sollten Sie Ihr Gesamteinkommen – das Geld aus Investitionen, Mieten und etwaigen Teilzeitjobs umfasst – Ihren Eigenausgaben gegenüberstellen. Wenn Ihre Einnahmen Ihre Ausgaben übersteigen, sind Sie auf dem Weg in die finanzielle Unabhängigkeit.

Denken Sie unbedingt daran, dass das Erreichen finanzieller Unabhängigkeit eine Reise und kein Ziel ist und dass das Erreichen Ihrer Ziele einige Zeit und Mühe erfordern kann. Mit sorgfältiger Planung, diszipliniertem Sparen und Investieren und der Bereitschaft, kurzfristige Opfer in Kauf zu nehmen, können Sie jedoch finanzielle Unabhängigkeit erlangen und das Leben führen, das Sie sich immer gewünscht haben.

Ändern Sie Ihre Perspektive für finanziellen Erfolg

Finanzielle Schwierigkeiten oder übermäßige Schulden können dazu führen, dass sich ein negativer und schädlicher finanzieller Denkprozess entwickelt. Eine Person ist sich möglicherweise nicht einmal bewusst, wie sich diese Denkweise auf ihr Geld auswirkt, bis sie in ihnen verankert ist. Wenn Sie immer Angst vor Geld haben, könnten Sie Ihre

Chancens, mehr Geld zu verdienen oder Schulden abzubezahlen, gefährden. Sie müssen Ihre Perspektive ändern, denn wenn Sie Ihr Geld völlig ignorieren, verschulden Sie sich am Ende noch weiter.

Hier sind einige Hinweise, die Ihnen den Einstieg in die Entwicklung einer guten Geldmentalität erleichtern sollen.

Bitte entschuldigen Sie Ihre bisherigen finanziellen Fehler.
Niemand ist makellos. Es ist wahrscheinlich, dass Sie im Laufe der Jahre eine Reihe schlechter finanzieller Entscheidungen getroffen haben. Vielleicht haben Sie zu viele Einkäufe gemacht oder zu viel für die Miete bezahlt, weil Sie sich in ein wunderschönes Haus verliebt haben, und jetzt sind Ihre Kreditkarten völlig aufgebraucht. Alle Ihre bisherigen Entscheidungen wurden bereits getroffen. Es kann sein, dass vergangene Fehler noch immer Auswirkungen auf Sie haben, aber Sie müssen sich dafür nicht ständig selbst kritisieren. Nicht jedem wird der effektive Umgang mit Geld beigebracht, da dies schwierig sein kann. Viele Menschen lernen ihre Lektionen, indem sie Fehler machen. Die beiden wichtigsten Dinge, auf die Sie sich konzentrieren sollten, sind Selbstvergebung und das Lernen aus Ihren Fehlern.

Wenn es um die schlechten Entscheidungen geht, die Sie in der Vergangenheit getroffen haben, sollten Sie auch versuchen, Ihre Gedanken neu zu ordnen. Wenn Sie Schulden haben, denken Sie über Ihre gesellschaftlichen Zusammenkünfte, Reiseerlebnisse und Bildungsausgaben nach. Du hast Erinnerungen geschaffen und Freude an Deinen Schulden gefunden. Romantisieren Sie es nicht, aber denken Sie daran, dass es eine Funktion hat. Es ist weder ein feindlicher Ort noch ein Abgrund, aus dem man niemals zurückkehren kann. Als Sie es brauchten, war es für Sie da, und jetzt können Sie darauf hinarbeiten, es abzubezahlen, damit Sie ein noch besseres Leben führen können.

Erkennen Sie Ihre Gedanken und Gefühle zum Thema Geld.
Auch wenn Sie vielleicht glauben zu wissen, was Sie über Geld denken, kann eine genauere Betrachtung überraschende Informationen offenbaren. Versuchen Sie Folgendes: Nehmen Sie sich nach jedem Kauf oder jeder finanziellen Entscheidung, die Sie im Laufe des Tages treffen, eine Minute Zeit, um Ihre Gefühle und Gedanken aufzuschreiben. Was geht dir gerade durch den Kopf? Wie ist Ihr emotionaler Zustand? Seien Sie ehrlich und sorgfältig. Wenn alles gesagt und getan ist, gehen Sie alles unvoreingenommen durch. Möglicherweise stellen Sie fest, dass bestimmte Bereiche Ihres Budgets Ihnen mehr Sorgen bereiten, als Sie erwartet hatten, oder Sie stellen möglicherweise fest, dass ein Kauf, von dem Sie erwartet hatten, dass er Sie glücklich machen würde, nach einer kurzen Zeit der Zufriedenheit tatsächlich ein schlechtes Gewissen auslöste. Auch wenn es vollkommen in Ordnung ist, sich manchmal etwas zu gönnen, sollten Sie auch die tatsächlichen Auswirkungen Ihres Ausgabeverhaltens auf Ihr emotionales, geistiges und körperliches Wohlbefinden bedenken.

Verstehen Sie, dass es ein Verlustspiel ist, sich mit anderen zu vergleichen.
Eines der riskantesten Dinge, die man im Leben tun kann, ist, sich mit anderen Menschen zu vergleichen; das Gleiche gilt auch für Geld. Zunächst einmal sind Vergleiche selten präzise. Es gibt eine verzogene Linse. Sie wissen am besten über sich selbst Bescheid, aber wenn Sie sich mit einer Berühmtheit, einem Instagram-Nutzer oder einer fiktiven Figur vergleichen, vergleichen Sie sich im Wesentlichen mit jemandem, mit dem Sie nicht vertraut sind. Facebook ist eine Fälschung. Die Leute zeigen dir einfach, was sie von dir erwarten. Sie teilen nur die besten Teile ihrer finanziellen und persönlichen Reise

in den sozialen Medien. Beispielsweise treffen Sie möglicherweise auf einen Instagram-Benutzer, der Bilder seines wunderschönen Hauses, seiner modischen Kleidung und seiner aufwendigen Reisen teilt, aber Sie haben keine Ahnung, wie hoch die Schulden auf seinen Kreditkarten sind. Sie haben keine Ahnung, ob sie ihren Eltern Tausende von Dollar schulden oder mit ihren Fahrzeugzahlungen zwei Monate im Rückstand sind. Sie werden Ihnen nichts über diesen Teil ihres Abenteuers erzählen, Sie werden es also nie erfahren. Sie können jedoch verstehen, warum es irreführend und riskant ist, Ihre gesamte Erzählung nur mit einem ihrer Höhepunkte zu vergleichen, da Sie ständig mit der dunkleren Seite Ihrer eigenen konfrontiert werden.

Sie befinden sich in einer vergleichbaren Situation, auch wenn Sie sich mit Freunden oder Verwandten vergleichen. Sie können die finanzielle Situation einer anderen Person oder die Überlegungen, die bei schwierigen Entscheidungen eine Rolle spielen, nie wirklich verstehen, da Sie nie so viel über sie wissen können wie über sich selbst. Ein weiterer Nachteil besteht darin, dass Sie Gefahr laufen, frustriert zu sein, wenn Sie sich mit anderen vergleichen und feststellen, dass Sie verlieren. Anstatt sich auf das Gute zu konzentrieren, konzentrieren Sie sich auf das Schlechte. Ihre Ziele scheinen unerreichbar zu sein. Sie achten mehr auf Ihre Mängel als auf Ihre Fortschritte. Solche Gedanken können Sie behindern und letztendlich zu schlechteren finanziellen Entscheidungen führen.

Bemühen Sie sich, positive Gewohnheiten zu entwickeln.
Vermeiden Sie es nicht, über Ihr Geld zu sprechen. Nehmen Sie sich stattdessen jede Woche Zeit, Ihr Ausgabeverhalten, Ihr Budget und Ihre Rechnungen zu überprüfen. Betonen Sie die Bereiche, die weiterentwickelt werden müssen, und klopfen Sie sich selbst für Erfolge auf die Schulter. Ein

Problem zu ignorieren führt nicht dazu, dass es verschwindet. Ignorieren Sie stattdessen Ihre Sorgen und gehen Sie die Probleme direkt an.

Setzen Sie sich vernünftige Ziele und gehen Sie bescheiden mit sich selbst um, wenn Sie diese erreichen. Da weder Ihr Erfolg noch Ihr Geld über Nacht außer Kontrolle geraten, ist es wichtig, sich eine Reihe kleiner Ziele zu setzen und jede Leistung anzuerkennen.

Machen Sie ein Budget, das Sie glücklich macht.
Ein Budget verursacht normalerweise individuelle Ängste. Viele empfinden ein Budget als limitierend und restriktiv, doch das muss nicht der Fall sein. Ein flexibles Budget kann Ihnen helfen, Ihre Grenzen zu erkennen und innerhalb Ihrer Ausgabengrenzen zu bleiben, gibt Ihnen aber dennoch die Erlaubnis, sich manchmal selbst zu belohnen. Im Allgemeinen sollten Sie die Hälfte Ihres monatlichen Einkommens für Rechnungen und Bedarfe aufwenden. Sie sollten zwanzig Prozent Ihres Gehalts zum Sparen oder zur Schuldentilgung beiseite legen. Dreißig Prozent können Sie tun und lassen, was Sie wollen. Es könnte an der Zeit sein, einen genaueren Blick auf Ihre monatlichen Ausgaben zu werfen und herauszufinden, welche Sie reduzieren oder eliminieren können, wenn Sie feststellen, dass Sie diesen Zeitplan nicht einhalten können.

Denken Sie daran, dankbar zu sein.
Akzeptieren Sie Ihre aktuelle Situation und drücken Sie Ihre Dankbarkeit für alles aus, was Sie haben, auch wenn es vielleicht nicht so viel ist, wie Sie möchten. Seien Sie dankbar für Ihr Fahrzeug, das Sie fortbewegt, Ihren Job, der Ihre Rechnungen bezahlt, Ihren Kühlschrank voller Lebensmittel, Ihr Dach über dem Kopf und so weiter. Geld sollte nicht über Sie oder Ihre Ideen herrschen. Es gibt immer Zeit, Ihr

Einkommen zu steigern und Ihr Leben zu verbessern, aber es wird nicht ausreichen, bis Sie lernen, dankbar für das zu sein, was Sie bereits haben. Vielmehr sollten Sie versuchen, die Art und Weise, wie Sie über Geld denken, zu kontrollieren, damit Sie beginnen können, Ihre Ausgaben besser zu regulieren. Beginnen Sie mit diesen Hinweisen und sehen Sie, wie sich Ihre Einstellungen und Vorstellungen zum Thema Geld positiv auf Ihr Leben auswirken.

Kapitel eins

Warum es wichtig ist, Ihr Vermögen zu kennen

Ihr Nettovermögen ist die Differenz zwischen Ihren Verbindlichkeiten und Vermögenswerten. Vereinfacht ausgedrückt ist Ihr Nettovermögen die Summe Ihrer Vermögenswerte und Verbindlichkeiten. Sie haben ein positives Nettovermögen, wenn Ihr Vermögen größer ist als Ihre Verbindlichkeiten. Im Gegensatz dazu haben Sie ein negatives Nettovermögen, wenn Ihre Verpflichtungen Ihr Vermögen übersteigen.
Ein sofortiges Bild Ihrer aktuellen finanziellen Situation gibt Ihr Nettovermögen. Die Summe aller Gelder, die Sie bis zu diesem Zeitpunkt verdient und ausgegeben haben, wird angezeigt, wenn Sie heute Ihr Nettovermögen berechnen. Obwohl diese Zahl nützlich ist, erhalten Sie durch die Analyse Ihres Nettovermögens im Laufe der Zeit ein aufschlussreicheres Bild Ihrer Finanzen. Es kann zum Beispiel als Weckruf dienen, wenn Sie völlig vom Kurs abgekommen sind, oder als „Gut gemacht"-Bestätigung, wenn es Ihnen gut geht.
Wenn Ihr Nettovermögen regelmäßig berechnet wird, kann es

als eine Art Finanzbericht betrachtet werden, der Ihnen hilft, Ihre aktuelle finanzielle Situation einzuschätzen und zu bestimmen, welche Schritte Sie unternehmen müssen, um Ihre gewünschte finanzielle Situation zu erreichen.

Gehalt
Alles, was Sie besitzen, was einen Wert hat und gegen Bargeld eingetauscht werden kann, gilt als Vermögenswert. Beispiele hierfür sind Altersvorsorge, Investitionen, Bank- und Maklerkonten, Immobilien und persönliche Gegenstände wie Schmuck, Autos und Sammlerstücke – ganz zu schweigen von Bargeld selbst. Manchmal gelten auch immaterielle Werte wie Ihr persönliches Netzwerk als Vermögenswerte. Ihre Schulden, einschließlich Kreditkartenschulden, Hypotheken, Arztkosten und Schuldarlehen, werden hingegen durch Ihre Verbindlichkeiten repräsentiert. Ihr Nettovermögen ist die Differenz zwischen dem Gesamtwert Ihrer Vermögenswerte und Verbindlichkeiten.

Die genaue Bewertung jedes Ihrer Vermögenswerte ist ein schwieriger Teil der Ermittlung Ihres Nettovermögens. Um eine Aufblähung Ihres Nettovermögens zu verhindern, ist es wichtig, bei der Zuweisung von Werten zu bestimmten Vermögenswerten vorsichtige Schätzungen vorzunehmen (d. h. eine ungenaue Sicht auf Ihr Vermögen zu haben). Beispielsweise ist Ihr Haus höchstwahrscheinlich Ihr wertvollster Vermögenswert und könnte einen großen Einfluss auf Ihre finanzielle Situation haben. Sie können einen realistischen Nettowert berechnen, indem Sie Ihr Haus genau bewerten, indem Sie sich entweder an einen erfahrenen Immobilienmakler wenden oder es mit anderen Immobilien in Ihrer Nachbarschaft vergleichen, die bereits verkauft wurden.
Es besteht jedoch insbesondere Uneinigkeit darüber, ob Privathäuser bei der Ermittlung des Nettovermögens als

Vermögenswerte berücksichtigt werden sollten oder nicht. Da diese Werte im Falle eines Verkaufs möglicherweise in Bargeld umgewandelt werden, sind einige Finanzexperten der Meinung, dass das Eigenkapital und der Marktwert Ihres Hauses als Vermögenswerte betrachtet werden sollten.
Nach Ansicht einiger Experten müsste der Hausbesitzer jedoch, selbst wenn er Geld aus dem Verkauf des Hauses erhalten hätte, dieses für den Kauf oder die Miete einer anderen Wohnung verwenden. Dies bedeutet im Wesentlichen, dass mit den erhaltenen Mitteln auch die Kosten für die neue Wohnung anfallen, für die die neue Verantwortung gilt. Natürlich kann ein Teil des Wertes des vorherigen Hauses als Vermögenswert betrachtet werden, wenn es mehr wert ist als das neue.
Bei der Zuordnung des finanziellen Wertes ist Vorsicht geboten, da der Wert Ihrer Besitztümer leicht überbewertet werden kann.

Bedeutend wert
Ihr Vermögen verfügt über eine Fülle von Informationen. Wenn die Zahl negativ ist, schulden Sie mehr, als Sie besitzen. Wenn der Saldo positiv ist, haben Sie mehr Vermögenswerte als Verbindlichkeiten. Ihr positives Nettovermögen beträgt 150.000 US-Dollar (200.000 US-Dollar − 100.000 US-Dollar = 150.000 US-Dollar), wenn Ihr Vermögen beispielsweise 250.000 US-Dollar und Ihre Verbindlichkeiten 100.000 US-Dollar betragen. Wenn sich Ihre Verbindlichkeiten hingegen auf insgesamt 250.000 US-Dollar belaufen und Ihr Vermögen 100.000 US-Dollar beträgt, ist Ihr Nettovermögen negativ (100.000 US-Dollar − 250.000 US-Dollar = −150.000 US-Dollar). Ein negatives Nettovermögen bedeutet nur, dass Sie jetzt mehr Verantwortung als Vermögen haben, nicht aber, dass Sie ein nachlässiger oder verantwortungsloser Mensch sind.

Das Gleiche gilt für den Aktienmarkt; Ihr Nettovermögen wird sich ändern. Allerdings kommt es, ähnlich wie an der Börse, auf den allgemeinen Trend an. Mit zunehmendem Alter sollte Ihr Nettovermögen idealerweise steigen, da Sie Schulden abbezahlen, das Eigenkapital Ihres Hauses erhöhen, andere Vermögenswerte ansammeln usw. Wenn Sie anfangen, Ihr Vermögen und Ihre Ersparnisse als Ruhestandseinkommen zu nutzen, wird Ihr Nettovermögen unweigerlich sinken.

Da die finanziellen Verhältnisse und Wünsche jedes Menschen unterschiedlich sind, ist es schwierig, ein allgemeingültiges „ideales" Nettovermögen zu ermitteln. Vielmehr müssen Sie herausfinden, wie hoch Ihr gewünschtes Nettovermögen ist und wo Sie jetzt und in Zukunft sein möchten. Einige Personen glauben, dass die folgende Berechnung ihnen hilft, ein „Ziel"-Nettovermögen zu bestimmen, wenn sie nicht wissen, wo sie anfangen sollen:

Nettovermögensziel: [Ihr Alter − 25]*[15*Bruttojahreseinkommen]

Ein 50-Jähriger würde beispielsweise bei einem Bruttojahreseinkommen von 75.000 US-Dollar ein Nettovermögen von 375.000 US-Dollar ([50 − 25 = 25] x [75.000 US-Dollar 5 = 15.000 US-Dollar]) anstreben.

Dies bedeutet nicht, dass das Nettovermögen aller 50-Jährigen gleich sein sollte. Sie können die Formel als Ausgangspunkt verwenden. Abhängig von Ihren Zielen und Ihrem Lebensstil kann Ihr optimales Nettovermögen viel größer oder kleiner sein als der in der Richtlinie vorgeschlagene Betrag.

Warum es wichtig ist, wie hoch Ihr Vermögen ist
Sie sind gezwungen, der Wahrheit über Ihre finanzielle Situation ins Auge zu sehen, wenn Sie sich Ihre Vermögensabrechnungen ansehen und die Muster schwarz auf weiß sehen. Sie können herausfinden, wo Sie sich gerade

befinden und wie Sie dorthin gelangen, wo Sie sein möchten, indem Sie regelmäßig Ihre Vermögensaufstellungen überprüfen.

Wenn Sie nicht auf dem richtigen Weg sind, könnte dies als Weckruf dienen, und wenn Sie sich in die richtige Richtung bewegen (z. B. Schulden abbauen und gleichzeitig Vermögen aufbauen), könnte es als Motivation dienen. Um wieder auf Kurs zu kommen, kann Folgendes gehören:

Seien Sie vorsichtig
Das Verständnis Ihres Nettovermögens ist von entscheidender Bedeutung, da dadurch möglicherweise Bereiche aufgedeckt werden, in denen Sie zu viel ausgeben. Sie müssen nichts kaufen, nur weil Sie es sich leisten können. Überlegen Sie vor dem Kauf, ob dies notwendig ist oder ob Sie unnötige Schulden vermeiden möchten. Ihre Bedürfnisse sollten den Großteil Ihrer Ausgaben ausmachen, um verschwenderische Ausgaben und Schulden zu vermeiden. Denken Sie daran, dass Sie einen Wunsch möglicherweise fälschlicherweise mit einem Bedürfnis rechtfertigen. Auch wenn ein Paar Schuhe im Wert von 500 US-Dollar den Bedarf an Schuhen decken könnte, wäre es für Sie möglicherweise besser, weniger auszugeben und mit einem günstigeren Paar trotzdem Fortschritte bei der Verwirklichung Ihrer finanziellen Ziele zu machen.

Schulden reduzieren
Ein genauer Blick auf Ihr Vermögen und Ihre Verbindlichkeiten hilft Ihnen bei der Entwicklung einer Schuldentilgungsstrategie. Beispielsweise können Sie Kreditkartenschulden mit 12 % Zinsen abbezahlen, während Sie auf einem Geldmarktkonto 1 % Zinsen erhalten. Langfristig könnten Sie feststellen, dass es sinnvoll ist, das Geld zur Tilgung der Kreditkartenschulden zu verwenden. Wenn Sie Zweifel haben, rechnen Sie nach und überlegen Sie,

welche Auswirkungen es hat, wenn Sie nicht mehr auf das Geld zugreifen können (das Sie möglicherweise für Notfälle benötigen), um festzustellen, ob es finanziell sinnvoll ist, einen bestimmten Kredit abzubezahlen.

Sparen und investieren.
Ihre Vermögensdaten könnten Sie zum Sparen und Investieren inspirieren. Sie könnten motiviert sein, weiterzumachen, wenn Ihre Vermögensaufstellung darauf hinweist, dass Sie auf dem richtigen Weg sind, Ihre finanziellen Ziele zu erreichen. Wenn Ihr Nettovermögen andererseits zeigt, dass Sie noch Raum für Verbesserungen haben – zum Beispiel, wenn Ihr Vermögen im Laufe der Zeit abgenommen hat und Ihre Verpflichtungen gestiegen sind –, kann dies der Anstoß sein, den Sie brauchen, um aggressiver mit dem Sparen und Investieren zu beginnen.

Erkennen Sie Ihre Einnahmen und Ausgaben
Sich einen Überblick über Ihre Einnahmen und Ausgaben zu verschaffen, ist einer der ersten Schritte bei der Erstellung eines Budgets. Es ist entscheidend, genau zu wissen, wie viel Geld Sie jeden Monat einbringen und wohin es fließt. Dies hilft Ihnen bei der Entscheidung, wie Sie Ihr Geld am besten ausgeben, und ermittelt Bereiche, in denen Sie sparen können. In diesem Abschnitt sehen wir uns einige Ratschläge an, wie Sie Ihre Einnahmen und Ausgaben verstehen und diese Daten nutzen können, um ein effektives Budget zu erstellen.

Führen Sie Buch über Ihre Einnahmen und Ausgaben.
Die Verfolgung Ihrer Einnahmen und Ausgaben ist der erste Schritt, um diese zu verstehen. Dazu gehört, dass Sie jeden Cent, den Sie jeden Monat verdienen und ausgeben, protokollieren. Dies kann durch handschriftliche Notizen in

einem Notizbuch oder durch die Nutzung einer App oder Tabellenkalkulation zur Budgetierung erfolgen. Geben Sie unbedingt alle Ihre Einkommensquellen an, einschließlich Nebenjobs, staatlicher Unterstützung und Ihrem Gehalt. Listen Sie alle Ihre monatlichen Ausgaben auf, einschließlich Miete, Nebenkosten und Lebensmittel, sowie alle sporadischen Kosten wie Autowartung oder Arztrechnungen.

Bestimmen Sie die fixen und variablen Kosten, die Ihnen entstehen.
Die Sortierung Ihrer Ausgaben in feste und variable Kategorien ist von entscheidender Bedeutung, nachdem Sie eine Liste davon erstellt haben. Miet- und Autozahlungen sind Beispiele für Fixkosten, die jeden Monat gleich sind. Die Ausgaben für Verpflegung und Bewirtung können sich ändern. Wenn Sie den Unterschied zwischen diesen beiden Kostenkategorien kennen, können Sie entscheiden, wo Sie Ihre Ausgaben möglichst reduzieren können.

Bestimmen Sie Ihr Nettoeinkommen.
Das Geld, das übrig bleibt, nachdem alle Ihre Kosten von Ihren Einnahmen abgezogen wurden, wird als Ihr Nettoeinkommen bezeichnet. Dies ist der Geldbetrag, den Sie sparen oder für nicht unbedingt notwendige Einkäufe verwenden können. Um Ihr Nettoeinkommen zu berechnen, ziehen Sie alle Ihre Ausgaben von Ihren Gesamteinnahmen ab. Wenn Ihre Ausgaben Ihr Einkommen übersteigen, müssen Sie einige Änderungen an Ihrem Budget vornehmen.

Denken Sie über Ihre finanziellen Ziele nach.
Bei der Erstellung eines Budgets ist es wichtig, dass Sie Ihre finanziellen Ziele berücksichtigen. Welche Ziele möchten Sie erreichen: Schuldentilgung, Altersvorsorge oder eine Anzahlung für ein Eigenheim? Eine sinnvollere Allokation Ihres Vermögens lässt sich erreichen, indem Sie klare

finanzielle Ziele vor Augen haben. Beispielsweise müssen Sie möglicherweise Ihre Ausgaben reduzieren und mehr Geld auf Ihr Sparkonto einzahlen, wenn Sie für eine Anzahlung für ein Eigenheim sparen möchten.

Berücksichtigen Sie Ihr Kaufverhalten.
Schließlich ist es wichtig, Ihr Ausgabeverhalten zu bewerten. Untersuchen Sie Ihre Ausgaben, um Orte zu finden, an denen Sie sparen können. Um dies zu erreichen, reicht es möglicherweise aus, die Nutzung von Take-Away-Diensten zu reduzieren oder ungenutzte Abonnementdienste zu kündigen. Wenn Sie Orte finden, an denen Sie Ihre Ausgaben reduzieren können, können Sie mehr Geld für Ihre finanziellen Ziele haben.

Das Verständnis Ihrer Einnahmen und Ausgaben ist ein wesentlicher Schritt bei der Erstellung eines effektiven Budgets. Sie können bestimmen, wie Sie Ihr Geld verwalten und Ihre finanziellen Ziele erreichen, indem Sie Ihre Einnahmen und Ausgaben im Auge behalten, feste und variable Kosten trennen, Ihr Nettoeinkommen ermitteln, über Ihre finanziellen Ziele nachdenken und Ihr Ausgabeverhalten bewerten.

Kapitel Zwei

Ein Cashflow-Budget

Ein Cashflow-Budget ist ein hilfreiches Instrument zur Organisation der Geldverwendung im Unternehmen

Eine Schätzung aller erwarteten Mittelzu- und -abflüsse für einen bestimmten Zeitraum wird als Cashflow-Budget bezeichnet. Schätzungen können monatlich, zweiwöchentlich oder vierteljährlich erstellt werden und umfassen sowohl landwirtschaftliche Ausgaben als auch nicht landwirtschaftliche Einnahmen. Bei der Cashflow-Budgetierung hingegen werden Rentabilität und Nettoeinkommen außer Acht gelassen und stattdessen ausschließlich die Geldbewegung betrachtet.

Ein Cashflow-Budget ist ein wirksames Managementinstrument, weil es:

- zwingt Sie dazu, über Ihre Jahresziele nachzudenken.
- bewertet Ihre landwirtschaftlichen Strategien, beispielsweise ob Sie genug Geld verdienen, um alle Ihre Ausgaben zu decken.

- Es schätzt die Höhe des Betriebskredits, den Sie benötigen, und den Zeitrahmen für die Kreditrückzahlung.
- gibt Ihnen einen Maßstab, an dem Sie Ihre tatsächlichen Cashflows messen können.
- hilft Ihnen, Ihrem Kreditgeber Ihre landwirtschaftlichen Ambitionen und Kreditanforderungen zu erklären.

Die meisten Menschen benötigen eine Möglichkeit, ihre monatlichen Ausgaben zu verfolgen. Ein Budget kann Ihnen ein besseres Gefühl der Finanzkontrolle vermitteln und den Prozess der Bereitstellung von Geldern für Ihre Ziele erleichtern. Das Geheimnis besteht darin, ein Finanzverfolgungssystem zu wählen, mit dem Sie vertraut sind. Die unten aufgeführten Verfahren helfen Ihnen bei der Erstellung eines Budgets.

Ermitteln Sie zunächst Ihr Nettoeinkommen.
Ihr Nettoeinkommen ist der Grundstein für ein erfolgreiches Budget. Dabei handelt es sich um Ihr Take-Home-Gehalt, also Ihr gesamtes Einkommen abzüglich aller abgezogenen Steuern sowie aller vom Arbeitgeber geförderten Leistungen wie Krankenversicherung und Altersvorsorge. Wenn Sie sich auf Ihr Gesamtgehalt und nicht auf Ihr Nettoeinkommen konzentrieren, geben Sie möglicherweise zu viel aus, weil Sie glauben, dass Sie mehr Geld zur Verfügung haben, als Sie tatsächlich haben. Um Ihnen bei der Bewältigung schwankender Einnahmen zu helfen, führen Sie gründliche Aufzeichnungen über Ihre Verträge und Zahlungen, unabhängig davon, ob Sie Freiberufler, Auftragsarbeiter, Auftragnehmer oder Selbstständiger sind.

Schritt 2: Überwachen Sie Ihre Ausgaben.

Der nächste Schritt besteht darin, festzustellen, wohin Ihr Geld fließt, nachdem Sie ermittelt haben, wie viel Sie einbringen. Möglicherweise finden Sie heraus, wofür Sie das meiste Geld ausgeben und wo Sie möglicherweise am meisten sparen können, indem Sie Ihr Geld im Auge behalten und organisieren Kosten.

Erstellen Sie zunächst eine Liste Ihrer Fixkosten. Hierbei handelt es sich um laufende monatliche Ausgaben wie Nebenkosten, Miete oder Hypothek sowie Autozahlungen. Erstellen Sie als Nächstes eine Liste Ihrer variablen Kosten, zu denen Dinge wie Lebensmittel, Benzin und Unterhaltung gehören, die von Monat zu Monat variieren können. Hier sind einige Bereiche, in denen Sie möglicherweise etwas Geld sparen können. Da Kreditkarten- und Kontoauszüge häufig Ihre monatlichen Ausgaben enthalten oder kategorisieren, sind sie ein ausgezeichneter Ausgangspunkt.

Behalten Sie mit Stift und Papier, einer App auf Ihrem Telefon oder Online-Budgetierungstabellen oder -vorlagen den Überblick über Ihre täglichen Ausgaben.

Schritt 3: Setzen Sie sich sinnvolle Ziele.
Listen Sie Ihre kurz- und langfristigen finanziellen Ziele auf, bevor Sie mit der Durchsicht der von Ihnen aufgezeichneten Daten beginnen. Kurzfristige Ziele, wie die Einrichtung eines Notfallfonds oder die Tilgung von Kreditkartenschulden, sollten innerhalb eines bis drei Jahren abgeschlossen sein. Es kann Jahrzehnte dauern, bis langfristige Ziele wie die Investition in die Studiengebühren oder den Ruhestand Ihres Kindes erreicht sind. Sie müssen zwar nicht starr sein, aber wenn Sie Ihre Ziele kennen, können Sie Ihr Ausgabenlimit einhalten. Wenn Sie beispielsweise wissen, dass Sie für eine Reise sparen, könnte es einfacher sein, Ihre Ausgaben zu

reduzieren.

Schritt 4: Erstellen Sie eine Strategie.
Der Unterschied zwischen dem, was Sie wirklich ausgeben, und dem, was Sie ausgeben möchten, liegt darin, wo alles zusammenkommt. Nutzen Sie die von Ihnen gesammelten konstanten und variablen Ausgaben, um Ihre zukünftigen Ausgaben abzuschätzen. Vergleichen Sie es anschließend mit Ihren Prioritäten und Ihrem Nettoeinkommen. Denken Sie darüber nach, für jede Kostenkategorie präzise und erreichbare Ausgabengrenzen festzulegen.

Um Ihre Ausgaben weiter zu verfeinern, können Sie Ihre Ausgaben in Notwendigkeiten und Wünsche unterteilen. Beispielsweise gilt Kraftstoff als Voraussetzung, wenn Sie täglich zur Arbeit fahren. Andererseits kann ein monatliches Musikabonnement als Wunsch betrachtet werden. Wenn Sie herausfinden möchten, wie Sie Geld für Ihre finanziellen Ziele erhalten, ist diese Unterscheidung von entscheidender Bedeutung.

Bestimmen Sie Ihr monatliches Einkommen, wählen Sie eine Technik zur Budgeterstellung und verfolgen Sie Ihre Entwicklung.

Versuchen Sie, die 50/30/20-Regel als grundlegende Grundlage für die Budgetierung zu verwenden.

Legen Sie bis zu 50 % Ihres Einkommens für lebensnotwendige Dinge zurück, beispielsweise für die Rückzahlung von Mindestschulden.

Geben Sie ihnen einen Anteil von 30 % an Ihrem Gehalt.

Reservieren Sie 20 % Ihres Gehalts für Ersparnisse und die Rückzahlung von Schulden, die über dem Mindestbetrag liegen.

Durch häufiges Einchecken können Sie den Überblick behalten und Ihre Ausgaben überwachen.

Schritt 5: Passen Sie Ihre Ausgaben an Ihr Budget an.
Sie können jetzt alle notwendigen Änderungen an Ihren Einnahmen und Ausgaben vornehmen, um sicherzustellen, dass Sie nicht zu viel ausgeben und Geld übrig bleibt, um auf Ihre Ziele hinzuarbeiten. Erwägen Sie zunächst, Kürzungen in Richtung Ihrer „Wünsche" vorzunehmen. Kann man auf einen Kinoabend zugunsten eines Heimkinos verzichten? Untersuchen Sie Ihre monatlichen Zahlungsausgaben genauer, wenn Sie Ihre Ausgaben bereits bedarfsgerecht angepasst haben. Wenn ein „Bedürfnis" genau untersucht wird, kann es lediglich „schwer sein, sich davon zu trennen".

Wenn die Zahlen danach nicht stimmen, denken Sie darüber nach, Ihre Fixkosten zu ändern. Könnten Sie beispielsweise mehr Geld sparen, wenn Sie sich nach einem günstigeren Angebot für die Hausrat- oder Kfz-Versicherung umsehen würden? Bei dieser Auswahl gibt es erhebliche Kompromisse. Überlegen Sie daher sorgfältig, welche Alternativen Sie haben.

Denken Sie daran, dass sich kleine Ersparnisse zu erheblichen Geldbeträgen summieren können. Eine kleine Änderung nach der anderen könnte Sie überraschen, wie viel zusätzliches Geld Sie am Ende haben.

Schritt 6: Überprüfen Sie Ihr Budget regelmäßig.
Sobald Ihr Budget festgelegt ist, ist es wichtig, es und Ihre

Ausgaben regelmäßig zu bewerten, um sicherzustellen, dass Sie im Rahmen Ihrer Möglichkeiten bleiben. Ein Budget besteht nicht aus vielen festen Bestandteilen: Möglicherweise erhalten Sie eine Gehaltserhöhung, Ihre Ausgaben ändern sich möglicherweise, oder Sie erreichen ein Ziel und möchten Geld für ein neues zurücklegen. Was auch immer der Grund sein mag, machen Sie es sich zur Gewohnheit, Ihr Budget regelmäßig zu überprüfen, indem Sie die oben genannten Richtlinien befolgen.

Die Mission eines Millionärs

Kapitel drei

Auch wenn Schulden eine lähmende Last sein mögen, müssen sie nicht bestimmen, wer wir sind oder wie wir leben. Mit den richtigen Informationen und Techniken können wir die mit Schulden verbundenen Schwierigkeiten überwinden, indem wir die Kontrolle über unser Geld zurückgewinnen.

Die Grundlagen der Schulden kennen

Bevor wir gut damit umgehen können, ist es wichtig, die Grundlagen der Schulden zu verstehen. Es gibt zwei Arten von Schulden: besicherte Schulden und ungesicherte Schulden. Für unbesicherte Schulden sind keine Sicherheiten erforderlich, während besicherte Schulden durch Vermögenswerte wie Immobilien oder Fahrzeuge besichert sind.

Die Bedeutung der Zinssätze für Schulden ist ein wichtiger Faktor. Ihr letztendlicher Rückzahlungsbetrag im Laufe der Zeit wird durch die Zinssätze Ihrer Kreditkarten und Kredite bestimmt. Es ist wichtig zu verstehen, wie sich Zinssätze auf die Höhe der von Ihnen angehäuften Schulden auswirken können. Da sich hochverzinsliche Schulden schnell anhäufen können, ist es wichtig, diese Kredite zuerst abzubezahlen, um die Gesamtausgaben zu senken.

Es ist wichtig, zwischen verschiedenen Formen der

Verschuldung zu unterscheiden, um fundierte Kreditentscheidungen treffen zu können. Wenn Sie die mit jeder Art verbundenen Gefahren kennen, können Sie Ihre finanzielle Lage besser einschätzen und die beste Vorgehensweise auswählen.

Die Gesamthöhe Ihrer Schulden wird stark von den Zinssätzen für Kreditkarten und Kredite beeinflusst. Aufgrund hoher Zinssätze kann die Verschuldung schnell ansteigen, daher ist es wichtig, Zinssätze und Konditionen zu vergleichen. Sie können Ihre Schuldenlast senken und im Laufe der Zeit Geld sparen, indem Sie viele Kreditgeber bewerten und sich über die Kreditbedingungen im Klaren sind.

Verschiedene Schuldenarten: besichert und ungesichert
Dank besicherter Kredite gehen Kreditgeber weniger Risiken ein, wenn sie über Sicherheiten verfügen. Dennoch kann es bei Nichtzahlung zum Verlust von Vermögenswerten kommen. Umgekehrt benötigen ungesicherte Schulden keine Sicherheit, dennoch kann die Nichtzahlung von Zahlungen negative Folgen haben, einschließlich der Zerstörung der Kreditwürdigkeit und rechtlicher Schritte.

Es ist wichtig, zwischen verschiedenen Formen der Verschuldung zu unterscheiden, um fundierte Kreditentscheidungen treffen zu können. Wenn Sie die mit jeder Art verbundenen Gefahren kennen, können Sie Ihre finanzielle Lage besser einschätzen und die beste Vorgehensweise auswählen.

Der Anteil der Zinssätze am Schuldenwachstum
Die Gesamthöhe Ihrer Schulden wird stark von den Zinssätzen für Kreditkarten und Kredite beeinflusst. Aufgrund hoher Zinssätze kann die Verschuldung schnell ansteigen,

daher ist es wichtig, Zinssätze und Konditionen zu vergleichen. Da verschiedene Arten von Studienkrediten unterschiedliche Zinssätze haben, kann die Verwaltung von Studienkrediten kompliziert werden. Für Absolventen bedeutet dies, dass die Rückzahlungsplanung klug sein sollte.

Ihre Kreditwürdigkeit ist ein wichtiger Faktor bei der Entscheidung über Zinssätze und Kreditgenehmigungen, wenn Sie Geld leihen. Niedrigere Zinssätze und günstigere Kreditvereinbarungen können erzielt werden, wenn Sie Ihre Kreditwürdigkeit hoch halten. Es ist wichtig zu verstehen, wie Ihre Kreditwürdigkeit ermittelt wird, und bei Bedarf Maßnahmen zu ergreifen, um sie zu erhöhen.

Wie sich Kredit-Scores auf Schulden und Kreditaufnahme auswirken
Zinssätze und Kreditgenehmigungen werden größtenteils von der Bonität beeinflusst. Niedrigere Zinssätze und günstigere Kreditvereinbarungen können erzielt werden, wenn Sie Ihre Kreditwürdigkeit hoch halten.

Ihre Chancen, für Kredite und Kreditkarten mit längeren Laufzeiten akzeptiert zu werden, erhöhen sich möglicherweise, wenn Sie lernen, wie die Bonität ermittelt wird, und Maßnahmen ergreifen, um Ihren Score zu verbessern. Dies kann Ihre gesamten Kreditkosten senken und Ihnen helfen, Ihre Schulden effektiver zu verwalten.

Umgehen der Kreditbedingungen
Viele Kreditverträge enthalten eine Reihe von Konditionen. Wenn Sie sich über das Kleingedruckte und die damit verbundenen Gebühren im Klaren sind, können Sie bei der Kreditaufnahme klügere Entscheidungen treffen und künftige unangenehme Überraschungen vermeiden.

Die Bedingungen eines Kreditvertrags sollten vor der Unterzeichnung sorgfältig gelesen werden. Achten Sie genau auf Einzelheiten wie Zinssätze, Rückzahlungspläne und andere Kosten oder Ausgaben. Sie können einen Kredit auswählen, der zu Ihrem Budget passt, indem Sie alle Bedingungen kennen und eine fundierte Entscheidung treffen.

Die Psychologie der Schulden: Ihre Auswirkungen auf Emotionen und Geist

Schulden können die Emotionen und die geistige Gesundheit einer Person erheblich beeinträchtigen. Der Stress und die Sorgen, die mit Schulden einhergehen, können sich negativ auf unser allgemeines Wohlbefinden auswirken. Um sich dem Schuldenmanagement zuzuwenden, müssen diese Auswirkungen unbedingt anerkannt und angegangen werden.

Durch Schulden verursachter Stress kann sich auf viele Bereiche unseres Lebens auswirken, beispielsweise auf Beziehungen, Produktivität bei der Arbeit und allgemeines Glück. Es ist wichtig, konstruktive Bewältigungsstrategien zu entwickeln und bei Bedarf um Hilfe zu bitten. Möglicherweise entwickeln Sie eine konstruktivere und nachhaltigere Strategie für den Umgang mit Ihrer finanziellen Verantwortung, indem Sie sich mit den psychologischen und emotionalen Auswirkungen von Schulden befassen.

Fallstudien: Aktuelle Beispiele für Schuldenmanagement
Beispiele aus der Praxis können unschätzbare Einblicke in effektive Techniken des Schuldenmanagements liefern.

Die Untersuchung tatsächlicher Schuldenverwaltungsfälle

kann Ihnen nützliche Ratschläge und Methoden für den effizienten Umgang mit Ihren persönlichen Schulden liefern. In diesen Fallstudien werden verschiedene Methoden der Budgetierung, Finanzplanung und Schuldenrückzahlung vorgestellt. Möglicherweise haben Sie das Selbstvertrauen, Ihre finanzielle Situation selbst in die Hand zu nehmen und danach zu streben, in Zukunft schuldenfrei zu sein, indem Sie aus den Erfahrungen anderer lernen.

Techniken zur Schuldentilgung
Konzentrieren wir uns mit unserem neuen Wissen über Schulden auf praktische Methoden, um unsere finanziellen Verpflichtungen zu verringern. Der Lawinen- und der Schneeballansatz sind zwei beliebte Methoden zur Schuldentilgung.

Für den Schuldenabbau ist eine Strategie von entscheidender Bedeutung. Durch die Begleichung der Rechnungen in der Reihenfolge vom Größten zum Kleinsten steigert die Schneeballtechnik mit jeder getilgten Verpflichtung die Dynamik. Mit dieser Methode fühlen Sie sich möglicherweise motiviert und erfolgreich, wenn Ihre Rechnungen nach und nach verschwinden. Sie können höheren Rechnungen mehr Geld zuweisen, indem Sie zuerst die kleineren Rechnungen abbezahlen.

Bei der Lawinentechnik hingegen werden Kredite mit den höchsten Zinssätzen bevorzugt. Möglicherweise können Sie im Laufe der Zeit mehr Geld sparen, indem Sie sich auf die Schulden konzentrieren, die Sie am meisten Zinsen kosten. Diese Strategie erfordert möglicherweise mehr Ausdauer und Selbstbeherrschung, da spürbare Fortschritte möglicherweise länger dauern. Dennoch kann es zu erheblichen Kostensenkungen kommen.

Die Schuldenrückzahlungslawine vs. Schneeballmethoden
Sowohl der Lawinen- als auch der Schneeballansatz haben Vor- und Nachteile. Durch die Möglichkeit, unmittelbare Erfolge zu erzielen, verleiht Ihnen die Schneeballtechnik einen psychologischen Auftrieb, der Ihre Motivation aufrecht erhalten kann, während Sie an der Tilgung Ihrer Schulden arbeiten. Wenn Sie andererseits hochverzinsliche Rechnungen zuerst abbezahlen, könnten Sie mit der Lawinenstrategie am Ende insgesamt mehr Geld sparen.

Welchen der beiden Ansätze Sie wählen, hängt von Ihrer finanziellen Situation und Ihren persönlichen Vorlieben ab. Um die richtige Strategie für Sie auszuwählen, ist es wichtig, Ihre Ziele, obersten Prioritäten und verfügbaren Ressourcen zu bewerten.

Budgetierungsmethoden für ein effizientes Schuldenmanagement
Die Entwicklung und Einhaltung eines vernünftigen Ausgabenplans ist für ein effizientes Schuldenmanagement von entscheidender Bedeutung. Absichtliche Ausgaben werden durch eine ordnungsgemäße Budgetierung ermöglicht, die auch eine frühzeitige Schuldentilgung garantiert und dem Einzelnen mehr Kontrolle über sein persönliches Geld gibt.
Bei der Erstellung eines Budgets ist es wichtig, Ihre Einnahmen und Ausgaben genau abzuschätzen. Berücksichtigen Sie alle Ihre Einnahmequellen, wie z. B. Ihr Gehalt, Boni und alle zusätzlichen Geldquellen. Berücksichtigen Sie bei der Erstellung Ihres Budgets unbedingt alle erforderlichen Kosten, einschließlich Miet- oder Hypothekenzahlungen, Nebenkosten, Lebensmittel, Reisekosten und Schuldentilgungen.

Möglicherweise finden Sie Bereiche, in denen Sie Reduzierungen oder Änderungen vornehmen können, nachdem Sie einen umfassenden Überblick über Ihre Einnahmen und Ausgaben haben. Dazu kann gehören, unnötige Ausgaben einzuschränken, herauszufinden, wie man Geld für das Nötigste spart, oder nach Methoden zu suchen, um eine Gehaltserhöhung zu bekommen.

Die Funktion von Notfallfonds bei der Schuldenprävention
Die Einrichtung eines Notfallfonds ist ein entscheidender Bestandteil einer soliden Finanzstrategie. Wenn Sie Geld für unvorhergesehene Kosten zurücklegen, verringern Sie die Notwendigkeit, in schwierigen Zeiten weitere Schulden aufzunehmen.
Notsparen dienen als Sicherheitsnetz und bieten Sicherheit für die eigenen Finanzen und die geistige Stabilität. Ein Notfallfonds sollte ausreichen, um die Lebenshaltungskosten für drei bis sechs Monate zu decken. Dies garantiert, dass Sie keine Kreditkarten oder Kredite benötigen, um unvorhergesehene Ausgaben wie Autoreparaturen, medizinische Probleme oder den Verlust Ihres Arbeitsplatzes zu bezahlen.

Sie können die Aufnahme weiterer Schulden verhindern und sich auf die Begleichung Ihrer aktuellen Rechnungen konzentrieren, indem Sie einen Notfallfonds einrichten. Es ist von entscheidender Bedeutung, zusätzlich zu Ihren Maßnahmen zum Schuldenabbau der Einrichtung eines Notfallfonds Vorrang einzuräumen.

Vor- und Nachteile der Schuldenkonsolidierung
Die Konsolidierung von Schulden in einem einzigen, zinsgünstigeren Darlehen wird als Schuldenkonsolidierung bezeichnet. Es ist wichtig, die Vor- und Nachteile abzuwägen,

bevor Sie diese Wahl treffen, auch wenn dies möglicherweise die Rückzahlung erleichtert und Zinsen spart.

Die einfache Verwaltung nur einer monatlichen Zahlung ist einer der Hauptvorteile der Schuldenkonsolidierung. Dadurch wird es möglicherweise einfacher, den Überblick über Ihre Fortschritte zu behalten und die Organisation aufrechtzuerhalten. Darüber hinaus könnten Sie letztendlich Geld bei den Zinskosten sparen, wenn Sie durch die Konsolidierung einen niedrigeren Zinssatz erzielen könnten.
Es ist wichtig, mögliche Nachteile einer Schuldenkonsolidierung zu berücksichtigen. Ihr Anspruch auf einen günstigen Zinssatz kann von Ihrer Kreditwürdigkeit und Ihren finanziellen Verhältnissen abhängen. Darüber hinaus können bei vielen Konsolidierungsoptionen, beispielsweise bei Eigenheimdarlehen, Kosten anfallen oder Sicherheiten erforderlich sein.

Guthabentransfer-Kreditkarten sinnvoll nutzen
Kreditkarten, die eine Guthabenübertragung ermöglichen, bieten Kunden die Möglichkeit, hochverzinsliche Schulden für einen begrenzten Zeitraum auf eine Karte mit einem Zinssatz von 0 % oder einem ermäßigten Zinssatz zu übertragen. Der sinnvolle Einsatz von Guthabentransfer-Kreditkarten kann Ihnen dabei helfen, Kosten zu sparen und Ihre Schulden schneller zurückzuzahlen.

Lesen Sie die Geschäftsbedingungen eines Angebots zur Guthabenübertragung sorgfältig durch, bevor Sie es in Anspruch nehmen. Beachten Sie den Zinssatz, der nach Ablauf des Aktionszeitraums gilt, die Gebühr für die Überweisung des Restbetrags und die Dauer des Einführungszeitraums.

Erstellen Sie eine Strategie zur Tilgung der übertragenen Schulden innerhalb der Einführungsphase, um die Vorteile einer Saldoübertragung zu maximieren. Um die Rückzahlung Ihrer Schulden zu beschleunigen, müssen Sie möglicherweise Ihre monatliche Zahlung erhöhen oder mehr Geld erhalten. Dadurch können Sie die Zinsersparnis voll ausnutzen und kommen der Schuldenfreiheit näher.

Wie man mit Gläubigern verhandelt: Strategien und Ratschläge
Manchmal führt die Ausarbeitung eines besseren Rückzahlungsplans mit den Gläubigern zu erträglicheren Konditionen. Wir stellen hilfreiche Tipps und Methoden zur Verfügung, um Streitigkeiten mit Gläubigern so beizulegen, dass die Schuldenlast verringert und die finanzielle Freiheit verbessert wird.

Es ist wichtig, Verhandlungen mit Gläubigern aufzunehmen, die eine Lösung im Kopf haben und sich Ihrer finanziellen Situation im Klaren sind. Seien Sie bereit, alle Schwierigkeiten oder Hindernisse zu besprechen, die zu Ihrer gegenwärtigen finanziellen Notlage geführt haben.
Wenn ein neuer Zahlungsplan besser zu Ihrer aktuellen finanziellen Situation passt, denken Sie darüber nach, eine Pauschalzahlung vorzuschlagen. Während des gesamten Verhandlungsprozesses ist es wichtig, Gelassenheit und Anstand zu bewahren, da dies die Chancen auf eine für beide Seiten vorteilhafte Vereinbarung erhöhen kann.

Um ihr Geld zurückzubekommen, könnten Gläubiger bereit sein, mit Ihnen zusammenzuarbeiten, um eine Lösung zu finden, die sowohl ihren Bedürfnissen als auch Ihrer Fähigkeit, Ihre Verbindlichkeiten zurückzuzahlen, gerecht wird.

Auswirkungen von Schulden auf die persönlichen Finanzen
Die Auswirkungen der Schulden auf unsere eigenen Haushalte sind weitreichend. Bessere finanzielle Entscheidungen zu treffen und ein schuldenfreies Leben anzustreben, kann durch unser Verständnis ihrer Auswirkungen unterstützt werden. Lassen Sie uns die verschiedenen Arten untersuchen, wie sich Schulden auf unsere Fähigkeit auswirken, unsere Finanzen zu verwalten.

Schulden haben langfristige Folgen und wirken sich nicht nur auf Ihre aktuelle finanzielle Situation aus. Ein entscheidender Indikator, anhand dessen Kreditgeber die Fähigkeit eines Kreditnehmers zur Rückzahlung von Krediten beurteilen, ist das Verhältnis von Schulden zu Einkommen. Dieses Verhältnis bewertet das Verhältnis zwischen dem Einkommen und den Schulden einer Person. Wenn wir dieses Verhältnis und seine Bedeutung kennen, können wir unsere Schulden sorgfältig verwalten und fundierte Kreditentscheidungen treffen.

Langfristige Schulden können sich negativ auf unsere Fähigkeit auswirken, über die Runden zu kommen. Es kann unsere Fähigkeit beeinträchtigen, zu investieren, zu sparen und unsere Ziele zu erreichen. Es könnte beispielsweise schwierig sein, Geld für Notfälle oder den Ruhestand zu sparen, wenn ein erheblicher Teil unseres Gehalts für die Tilgung von Schulden verwendet wird. Das Verständnis dieser Auswirkungen kann uns zum Handeln anspornen und unsere Schuldenlast reduzieren.

Darüber hinaus ist die Verschuldung ein wesentlicher Faktor für unsere Kreditwürdigkeit. Unsere Kreditwürdigkeit kann durch einen verantwortungsvollen Schuldenmanagement in der Vergangenheit positiv beeinflusst werden, was den Erwerb günstiger Kreditkonditionen und anderer finanzieller

Möglichkeiten erleichtern kann. Eine zu hohe Verschuldung oder eine schlechte Bonitätshistorie kann sich jedoch negativ auf unsere Kreditwürdigkeit auswirken, die Kreditaufnahme für uns erschweren und möglicherweise die Kreditkosten erhöhen.

Es ist unbedingt erforderlich, sich aus den Fallen hochverzinslicher Schulden und kurzfristiger Kredite herauszuhalten. Diese Kredite sind häufig mit exorbitanten Gebühren und Zinssätzen verbunden, was es schwierig macht, den Kreditzyklus zu durchbrechen. Um dieser Schuldenfalle zu entkommen und die Finanzstabilität zu wahren, ist es wichtig, die Risiken zu verstehen und nach Alternativen zu suchen.

Finanzieller Stress, der oft durch Schulden verursacht wird, kann sich negativ auf unser allgemeines Wohlbefinden auswirken. Sowohl unsere körperliche als auch unsere emotionale Gesundheit kann durch den anhaltenden Stress und die Angst, die durch Schulden verursacht werden, beeinträchtigt werden. Die Untersuchung des Zusammenhangs zwischen Stress und Schulden könnte uns dazu inspirieren, mit unserem Geld klug umzugehen und eine Schuldenreduzierung anzustreben. Indem wir Taktiken wie Budgetierung in die Praxis umsetzen, Expertenrat einholen und nach Alternativen zur Schuldentilgung suchen, können wir finanzielle Belastungen reduzieren und unsere Lebensqualität im Allgemeinen verbessern.

Ein Schuldenausfall kann schwerwiegende und dauerhafte Folgen haben. Wenn wir die vereinbarten Raten eines Kredits nicht leisten, geraten wir in Verzug. Ein Zahlungsausfall kann negative Auswirkungen auf die Bonität haben, zu Gläubigerklagen führen und zu höheren finanziellen Verpflichtungen führen. Es ist von entscheidender Bedeutung, die möglichen Folgen eines Schuldenausfalls zu verstehen und nach Lösungen zu suchen, um diese missliche Lage zu vermeiden. Proaktive Maßnahmen können die Folgen eines Zahlungsausfalls abmildern oder sogar verhindern, z. B. Gespräche mit Gläubigern, die Prüfung von Möglichkeiten zur Schuldenkonsolidierung oder die Bitte um Hilfe bei Kreditberatungsorganisationen.

Umgang mit Schuldenerlass und Insolvenz
Für Menschen mit hoher Verschuldung kann es wichtig sein, einen Schuldenerlass zu beantragen oder über eine Insolvenz nachzudenken. Obwohl diese Lösungen sorgfältig geprüft werden sollten, können sie den Menschen möglicherweise einen Neuanfang auf ihrem Weg zur finanziellen Erholung ermöglichen. Lassen Sie uns diese Alternativen genauer untersuchen.
Schulden können eine schreckliche Belastung sein und jeden Teil des Lebens beeinflussen. Es kann Stress erzeugen, Beziehungen stören und zukünftige finanzielle Ziele beeinträchtigen. Deshalb ist es wichtig, die zahlreichen Optionen für Schuldenerlass und Insolvenz zu verstehen.

Untersuchung von Entschuldungsprogrammen und ihrer Legitimität
Schuldenabbauprogramme können Menschen bei der Bewältigung ihrer Verpflichtungen unterstützen. Diese Programme bieten eine Vielzahl von Dienstleistungen an, darunter Schuldenkonsolidierung, Verhandlungen mit Gläubigern und die Festlegung erschwinglicher Rückzahlungsvereinbarungen. Allerdings muss man vorsichtig sein und sicherstellen, dass die ausgewählten Programme vertrauenswürdig sind und ihren individuellen Anforderungen entsprechen.

Bei der Prüfung von Entschuldungsoptionen ist es wichtig,

deren Glaubwürdigkeit zu prüfen und zu prüfen. Bedauerlicherweise gibt es viele Betrüger und unehrliche Unternehmen, die hilflose Menschen auf der Suche nach einem Schuldenerlass ausnutzen. Bevor Sie sich zu einem Schuldenerlassprogramm verpflichten, ist es wichtig, nach Zertifizierungen und überzeugenden Erfahrungsberichten aus zuverlässigen Quellen zu suchen.

Das Verfahren und die Folgen der Insolvenzanmeldung
Der Insolvenzantrag ist eine große Entscheidung, die nur nach gründlicher Überlegung und einem Gespräch mit Experten getroffen werden sollte. Wenn sie ihren Verpflichtungen nicht nachkommen können, können Privatpersonen oder Unternehmen im Rahmen des Insolvenzverfahrens eine Entschädigung beantragen. Bevor Sie diesen Weg zur finanziellen Entlastung einschlagen, ist es wichtig, das Verfahren und seine Auswirkungen zu verstehen.

Die Folgen einer Insolvenz sind sowohl kurz- als auch langfristig. Es hat Nachteile, einschließlich einer nachteiligen Auswirkung auf die Kreditwürdigkeit und des möglichen Verlusts von Vermögenswerten, auch wenn es eine sofortige Befreiung von Gläubigerschikanen und Inkassomaßnahmen bietet. Dennoch kann ein Insolvenzantrag den Menschen auch einen Neuanfang und die Möglichkeit bieten, ihr finanzielles Leben neu zu gestalten.

Leben nach dem Bankrott: Wiederherstellung gerechter Finanzen

Nach der Insolvenzerklärung beginnt der Prozess der

finanziellen Besserung. Für die Wiederherstellung von Stabilität und finanzieller Gesundheit ist eine Strategie von entscheidender Bedeutung. Dazu gehört die Erstellung eines Budgets, die Einrichtung eines Notfallfonds und die Pflege sparsamer Ausgabegewohnheiten.

Die Wiederherstellung der Kreditwürdigkeit ist ein entscheidender Schritt auf dem Weg aus der Insolvenz. Auch wenn eine Insolvenz mehrere Jahre lang in den Kreditunterlagen vermerkt sein kann, sind die Kreditaussichten nicht immer verloren. Menschen können ihre Kreditwürdigkeit schrittweise verbessern, indem sie umsichtige Finanzpraktiken anwenden, wie zum Beispiel ihre Rechnungen pünktlich bezahlen und sparsam mit ihren Krediten umgehen.

Die rechtlichen Dimensionen des Schuldenabbaus
Um Schulden zu begleichen, muss man mit den Gläubigern aushandeln, um einen geringeren Betrag zu zahlen. Für diejenigen, die einer Insolvenz entgehen wollen, aber nicht in der Lage sind, ihre Verbindlichkeiten vollständig zurückzuzahlen, kann diese Alternative interessant sein. Bevor Sie sich für diese Vorgehensweise entscheiden, ist es wichtig, die rechtlichen Konsequenzen und wahrscheinlichen Auswirkungen der Schuldenbegleichung zu verstehen.

Eine Schuldenregulierung kann sowohl Vor- als auch Nachteile haben. Einerseits bietet es den Menschen möglicherweise die Möglichkeit, ihre Schuldenlast zu reduzieren und eine Insolvenz zu vermeiden. Es kann jedoch negative Auswirkungen auf die Bonität und steuerliche Konsequenzen haben. Um eine fundierte Entscheidung zu treffen und die rechtlichen Konsequenzen vollständig zu verstehen, ist es wichtig, mit einem erfahrenen Anwalt für Schuldenregulierung zu sprechen.

Wann und wie Kreditberatungsdienste helfen können
Kreditberatungsdienste können Beratung und Unterstützung bei der ordnungsgemäßen Schuldenverwaltung bieten. Zu diesen Programmen gehören Strategien zum Schuldenmanagement, Hilfe bei der Budgetierung und Finanzbildung. Um die besten Ergebnisse zu garantieren, ist es wichtig zu wissen, wann und wie Sie Kreditberatungsstellen kontaktieren können.

Eine Kreditberatung kann für diejenigen hilfreich sein, die eine fachkundige Beratung benötigen und Schwierigkeiten bei der Bewältigung ihrer Schulden haben. Diese Dienste können Menschen dabei helfen, einen vernünftigen Haushalt aufzustellen, Streitigkeiten mit Gläubigern beizulegen und eine Rückzahlungsstrategie zu formulieren. Es ist jedoch wichtig, einen vertrauenswürdigen Kreditberatungsdienst zu wählen, und Sie sollten sich vor zusätzlichen Gebühren oder Kosten in Acht nehmen.

Erkennen, wie sich eine Insolvenz auf die Kreditwürdigkeit auswirkt
Ein Insolvenzantrag führt zwar zu einer deutlichen Bonitätsverschlechterung, führt jedoch nicht zu einem Verlust der Kreditwürdigkeit. Es ist wichtig zu verstehen, wie sich eine Insolvenz im Laufe der Zeit auf die Kreditwürdigkeit auswirkt und wie man nach einem Insolvenzantrag seine Kreditwürdigkeit wiedererlangt.

Wie lange eine Insolvenz in den Kreditauskünften verbleibt, hängt von der Art der eingereichten Insolvenz ab. In dieser Zeit könnte es schwierig sein, neue Kredite oder Kredite zu bekommen. Dennoch können Menschen ihre Kreditwürdigkeit schrittweise verbessern, indem sie ihre Kreditwürdigkeit wieder aufbauen und gute Finanzpraktiken anwenden.

Nach einem Insolvenzantrag kann die Kreditwürdigkeit durch regelmäßige Zahlungen, minimale Kreditverwendung und verantwortungsvolle Kreditverwendung wiederhergestellt werden. Darüber hinaus ist es wichtig, Kreditauskünfte regelmäßig auf ihre Richtigkeit zu prüfen und bei Bedarf schnell Korrekturmaßnahmen zu ergreifen. Diese Maßnahmen können dazu beitragen, dass Menschen schrittweise ihre Kreditwürdigkeit und finanzielle Stabilität wiederherstellen.

Weitere Schulden vermeiden
Um langfristigen finanziellen Erfolg zu erzielen, ist die Kontrolle und Tilgung aktueller Schulden ebenso wichtig wie die Vermeidung von Schulden in der Zukunft. Eine schuldenfreie Zukunft kann durch die Einführung solider Finanzpraktiken und den Aufbau einer soliden finanziellen Grundlage erreicht werden.

Entwicklung solider Finanzpraktiken zur Vermeidung von Schulden
Um Schulden in der Zukunft zu vermeiden, ist die Schaffung solider Finanzpraktiken von entscheidender Bedeutung. Wir werden uns mit praktikablen Methoden für den Aufbau einer soliden finanziellen Grundlage befassen, z. B. indem wir den Überblick über die Ausgaben behalten und Geld für Notfälle zurücklegen.

Die Bedeutung der Finanzkompetenz für die Schuldenprävention
Die Grundlage für kluge Finanzentscheidungen ist Finanzkompetenz. Wenn wir die persönlichen Finanzen besser verstehen, können wir kluge Entscheidungen treffen, keine

Schulden mehr machen und eine stabile finanzielle Zukunft schaffen.

Festlegung und Einhaltung eines angemessenen Budgets
Die Erstellung eines realistischen Budgets ist eine wirksame Strategie, um umsichtige Ausgaben zu gewährleisten und unnötige Schulden zu vermeiden. Wir werden darüber sprechen, wie wir ein Budget erstellen können, das funktioniert und zu unseren Prioritäten und finanziellen Zielen passt.

Notfallvorsorge: Sich auf unerwartete Kosten vorbereiten
Unerwartete Kosten können uns in die Schuldenfalle stürzen. Durch die Erstellung eines soliden Notfallplans sind wir auf unvorhergesehene Ereignisse im Leben vorbereitet und verhindern, dass finanzielle Verluste zu chronischen Belastungen werden.

Die Funktion der Versicherung beim Schuldenschutz
Eine Versicherung stellt eine entscheidende Barriere gegen unvorhergesehene Kosten und mögliche Schulden dar. Wir können die finanziellen Folgen unvorhergesehener Katastrophen vermeiden, indem wir die vielfältigen Versicherungsmöglichkeiten kennen und die erforderliche Deckung ermitteln.

Umsichtige Ausgaben: Achtsamer Konsum als Schuldenerleichterung
Bewusste Entscheidungen über unsere Einkäufe zu treffen und sicherzustellen, dass sie unsere finanziellen Ziele und Überzeugungen unterstützen, ist die Essenz achtsamer Ausgaben. Durch eine verantwortungsvolle Verbraucherhaltung können wir unnötige Schulden vermeiden und eine zufriedenere und sicherere finanzielle Zukunft aufbauen.

Abschließend
Wenn es um den Umgang mit und die Bewältigung von Schulden geht, sind Informationen tatsächlich Macht. Wir können die Verantwortung für unsere finanzielle Gesundheit übernehmen, indem wir uns der vielen Arten von Schulden, der praktischen Methoden zu deren Reduzierung und der Auswirkungen der Schulden auf unsere individuellen Budgets bewusst sind. Wir können eine schuldenfreie Zukunft schaffen, indem wir Optionen wie Schuldenerlass und Insolvenz prüfen und uns darauf konzentrieren, künftige Schulden durch solide Finanzpraktiken zu vermeiden. Denken Sie daran, dass es immer einen Weg gibt, finanziell frei zu werden, egal wie erdrückend die Schulden auch sein mögen.

Kapitel Vier

10 gefragte und gut bezahlte Talente

Mit den neuesten Trends und Innovationen Schritt zu halten ist entscheidend, um im heutigen schnelllebigen Beschäftigungsumfeld der Konkurrenz einen Schritt voraus zu sein. Das Erlernen neuer, gefragter Fähigkeiten ist für die Aufrechterhaltung eines Wettbewerbsvorteils und die Steigerung des Einkommenspotenzials von entscheidender Bedeutung. Bestimmte Fähigkeiten können mit der Entwicklung neuer Arbeitsplätze und Industrien obsolet werden, was eine Anpassung und den Erwerb neuer Fähigkeiten erforderlich macht.

Im Jahr 2024 sollten Fachkräfte 10 gefragte und gut bezahlte Talente beherrschen, um immer einen Schritt voraus zu sein und das sich ständig verändernde Beschäftigungsumfeld zu bewältigen. Es hat sich gezeigt, dass diese Fähigkeiten sowohl für das Gehaltspotenzial als auch für den beruflichen Aufstieg von entscheidender Bedeutung sind und möglicherweise bei der Einstellung und Beförderung hilfreich sind.

1. Informationsanalyse
Kenntnisse in der Datenanalyse sind in verschiedenen Kontexten und Berufen erforderlich, einschließlich Verantwortlichkeiten in Führung und Management. Der Erwerb von Fachwissen in diesem Bereich könnte einem

dabei helfen, eine Karriere als Datenanalyst anzustreben. Diese Position erfordert die Fähigkeit, komplexe Daten zu visualisieren, zu extrahieren, zu modellieren, zu bereinigen und zu verstehen, damit Entscheidungsträger sie nutzen können. Dies erleichtert die Entwicklung fundierter Strategien durch Organisationen. Im heutigen datengesteuerten Umfeld ist die Datenanalyse ein wesentlicher Bestandteil von Entscheidungsprozessen.

2. Organisation des Projekts
Projektmanagement ist in vielen verschiedenen Unternehmen auf der ganzen Welt eine äußerst gefragte Fähigkeit. Bis 2032 wird der Bedarf an Projektmanagern um 6 % steigen, die über herausragende organisatorische, methodische, Risikomanagement-, Beziehungsaufbau-, Teambildungs-, Kooperations- und Kommunikationsfähigkeiten verfügen müssen.

3. UI/UX-Design
Die Benutzererfahrung und das Design der Benutzeroberfläche von Mobil- und Online-Anwendungen sind entscheidend für die Erleichterung nahtloser Verbraucherinteraktionen in der heutigen technologiegetriebenen Kultur. UX/UI-Design ist eine wesentliche Fähigkeit, die die Kundenzufriedenheit der Kunden und Benutzer von Organisationen des öffentlichen und privaten Sektors, Bildungseinrichtungen und Unternehmen im Allgemeinen gewährleistet. Statista schätzt, dass es im Oktober 2023 weltweit fast 5,3 Milliarden Internetnutzer geben wird. Um sicherzustellen, dass Waren den Kundenanforderungen genügen, müssen Benutzerforschung betreiben, ästhetisch ansprechende und

einfache Benutzeroberflächen entworfen und getestet werden.

4. Online-Werbung
Kenntnisse im digitalen Marketing sind von entscheidender Bedeutung, um potenzielle Kunden zu gewinnen und ihre Interaktion mit den Angeboten eines Unternehmens zu fördern. Diese Fähigkeiten erfordern Originalität sowie Engagement für die Interaktion mit dem Kunden. Sie verfügen über Talente im Bereich digitales Marketing, wenn Sie sich für Content-Entwicklung, Influencer-Marketing, Grafikdesign, Social-Media-Interaktion oder Videobearbeitung begeistern. Es wird empfohlen, dass Sie an Kursen für digitales Marketing teilnehmen, insbesondere an nischenspezifischen Kursen, um diese Fähigkeiten zu verbessern. Auf diese Weise erwerben Sie möglicherweise das nötige Wissen, um erfolgreiche digitale Marketingpläne zu entwickeln, die es Ihnen ermöglichen, mit Ihrer Zielgruppe in Kontakt zu treten.

5. Künstliche Intelligenz oder KI
Künstliche Intelligenz (KI) ist eine beeindruckende Technologie mit enormem Potenzial, die in fast alle Branchen und Arten von Organisationen Eingang gefunden hat. Laut einer Analyse von McKinsey & Company hat KI das Potenzial, die globale Wirtschaftsproduktion um 2,6 bis 4,6 Billionen US-Dollar zu steigern.

Um sich im Bereich KI weiterzubilden, ist es nicht immer notwendig, eine jahrelange Ausbildung zum KI-Wissenschaftler oder zum Ingenieur für maschinelles Lernen zu absolvieren. Um Geschäfts- und Karriereziele zu erreichen, ist es von entscheidender Bedeutung, die aktuellen Anwendungen von KI in der jeweiligen Arbeitsumgebung zu verstehen. Dies wird die Arbeitsqualität und die Produktion verbessern, die Zeitverschwendung reduzieren und KI in Situationen einsetzen, die Branchenerkenntnisse offenbaren.

Zu den gefragtesten KI-Kompetenzen gehören:

Verarbeitung natürlicher Sprache (NLP)
Roboterisches Lernen
Automatisierung
Computer Vision
Fundierte Ausbildung

KI ist eine sehr flexible und gefragte Fähigkeit, die in vielen verschiedenen Branchen eingesetzt werden kann, darunter im Gesundheitswesen, im Finanzwesen, in der Fertigung und mehr.

Erschließen Sie Ihr Verdienstpotenzial: 10 Möglichkeiten, Ihr Einkommen zu steigern

Ich werde einige bewährte Methoden zur Steigerung Ihres Einkommens und zur Erlangung finanzieller Freiheit durchgehen.
Bevor Sie beginnen, müssen Sie sich jedoch darüber im Klaren sein, dass mehr Geld nicht die einzige Möglichkeit ist, Ihren Umsatz zu steigern. Dazu gehört auch die Entwicklung der Einstellung und der Fähigkeiten, die für den finanziellen Erfolg erforderlich sind. Lassen Sie uns vor diesem Hintergrund einige wichtige Maßnahmen untersuchen, die Sie

jetzt ergreifen können, um mehr Geld zu verdienen.

Bestimmen Sie Ihre Interessen und Stärken.
Die Ermittlung Ihrer Fähigkeiten und Hobbys ist der erste Schritt zur Steigerung Ihres Einkommens. Welche Fähigkeiten fallen Ihnen leicht? Welche Aktivitäten machen Ihnen Spaß? Wenn Sie sich auf Ihre Hobbys und Stärken konzentrieren, haben Sie bessere Chancen, beruflich erfolgreich zu sein und einen Job zu finden, den Sie lieben und den Sie für wichtig halten.

Wenn Sie von Natur aus gut darin sind, Probleme zu lösen, möchten Sie vielleicht einen Job im Kundenservice oder in der Beratung in Betracht ziehen. Wenn Sie kreativ sind, sollten Sie über einen Beruf im Marketing oder in der Werbung nachdenken. Und wenn Sie den starken Wunsch haben, anderen zu dienen, können Sie über eine Karriere als Lehrer oder Sozialarbeiter nachdenken.

Erweitern Sie Ihr Wissen und Ihre Fähigkeiten.
Nachdem Sie Ihre Talente und Interessen ermittelt haben, ist der nächste Schritt der Ausbau Ihres Wissens und Ihrer Fähigkeiten in diesen Bereichen. Dazu kann gehören, zur Schule zu gehen, einen Abschluss zu machen oder einfach aus Erfahrung und unabhängiger Forschung zu lernen.

Um ein guter Verkäufer zu werden, können Sie beispielsweise darüber nachdenken, einen Kurs über Psychologie oder Verkaufsstrategien zu belegen. Erwägen Sie einen Abschluss in Marketing oder die Einschreibung an einer Social-Media-Marketing-Schule, wenn Sie im Marketingbereich arbeiten möchten. Darüber hinaus können Sie darüber nachdenken, sich für einen Entrepreneurship- oder Business-Strategie-Kurs einzuschreiben, wenn Sie ein erfolgreicher Unternehmer werden möchten.

Knüpfen Sie Kontakte und pflegen Sie Bindungen.

Der Aufbau von Verbindungen und Networking ist für die Steigerung Ihres Umsatzes von entscheidender Bedeutung. Der Kontakt zu Menschen in Ihrem Fachgebiet kann Ihnen dabei helfen, Ihre Karriere voranzutreiben, neue Möglichkeiten kennenzulernen und Beratung und Unterstützung zu erhalten.
Es gibt zahlreiche Möglichkeiten, Kontakte zu knüpfen und Kontakte zu knüpfen, beispielsweise durch die Teilnahme an Geschäftstreffen, die Mitgliedschaft in Berufsverbänden und das Knüpfen von Kontakten auf LinkedIn. Indem Sie erstklassigen Kundenservice bieten und als geschätzte Ressource fungieren, können Sie auch Beziehungen zu Klienten, Kunden und Kollegen pflegen.

Entdecken Sie neue Einnahmequellen.
Neben Ihrer Haupteinnahmequelle ist es von entscheidender Bedeutung, nach Methoden zur Diversifizierung Ihrer Einnahmequellen zu suchen. Dazu kann die Gründung eines Nebengeschäfts, der Kauf von Aktien oder Immobilien oder einfach die Vermietung eines Zimmers auf Airbnb gehören.
Sie können Ihr finanzielles Risiko senken und Ihre Verdienstmöglichkeiten insgesamt steigern, indem Sie neue Einnahmequellen identifizieren. Wenn Sie beispielsweise über ein profitables Nebengeschäft mit dem Online-Verkauf handgefertigter Waren verfügen, können Sie sich eine zusätzliche Einnahmequelle verschaffen, die Sie bei finanziellen Schwierigkeiten unterstützt.

Machen Sie Lohn- oder Gehaltserhöhungsverhandlungen.
Möglicherweise können Sie Ihr Einkommen erhöhen, indem Sie um eine Gehaltserhöhung oder ein besseres Gehalt bitten, wenn Sie derzeit einen Job haben, der Ihnen gefällt. Auch wenn es entmutigend erscheinen mag, ist es wichtig, im Hinterkopf zu behalten, dass Sie für Ihre Dienste angemessen entlohnt werden sollten.

Erstellen Sie eine Liste der aktuellen Preise für Ihren Job in Ihrer Branche, damit Sie wissen, wonach Sie fragen müssen. Bitten Sie als Nächstes einen Freund oder ein Familienmitglied, Ihnen beim Einstudieren Ihres Pitchs zu helfen. Seien Sie bereit, Ihre Anfrage mit Nachweisen Ihrer Leistungen, Talente und Verdienste um das Unternehmen zu untermauern.
Achten Sie bei Verhandlungen darauf, mit Anstand und Professionalität vorzugehen und den Wert hervorzuheben, den Sie für die Organisation leisten, anstatt einfach nur mehr Geld zu verlangen. Vielleicht möchten Sie darüber nachdenken, sich im Rahmen Ihrer Verhandlungen ehrenamtlich zu engagieren, um zusätzliche Aufgaben oder Projekte zu übernehmen.

Steigern Sie Ihren Output und Ihre Effektivität.
Eine weitere Strategie zur Umsatzsteigerung besteht darin, härter und effizienter zu arbeiten. Sie können mehr Arbeit oder Kunden übernehmen, Ihre aktuelle Aufgabe schneller und effizienter erledigen oder mehr in kürzerer Zeit erledigen, wenn Sie mehr in kürzerer Zeit erledigen können.
Es gibt verschiedene Strategien, um Ihre Effizienz und Produktivität zu verbessern, z. B. die Verwendung von Zeitmanagement-Software und To-Do-Listen, die Erstellung und Einhaltung eines Zeitplans sowie die klare Definition Ihrer Ziele und Absichten. Um konzentriert zu bleiben und einem Burnout vorzubeugen, können Sie auch Methoden wie die Pomodoro-Technik ausprobieren, bei der in kurzen Schüben und anschließenden kurzen Pausen gearbeitet wird.

Übernehmen Sie mehr Aufgaben und Schwierigkeiten.
Die Übernahme neuer Aufgaben und Verantwortungen bei der Arbeit kann Ihre Produktivität und Effizienz steigern und gleichzeitig mehr Geld verdienen. Dies kann die Übernahme zusätzlicher ehrenamtlicher Arbeit, die Übernahme von

Führungspositionen oder sogar die Gründung eines eigenen Unternehmens sein.
Sie können Ihrem Unternehmen zeigen, wie wertvoll und leistungsfähig Sie sind, indem Sie neue Aufgaben und Verantwortungen übernehmen und so Ihre Chancen auf eine Gehaltserhöhung oder Beförderung erhöhen. Darüber hinaus können Sie neue Erfahrungen und Fähigkeiten erwerben, die Ihre Marktfähigkeit auf dem Arbeitsmarkt erhöhen.

Fördern Sie Ihre freiberuflichen Fähigkeiten und Angebote.
Möglicherweise werden Sie Freiberufler und verlangen mehr für Ihre Fähigkeiten und Dienstleistungen, wenn Sie nicht für jemand anderen arbeiten möchten. Dadurch kann es einfacher werden, Ihre eigenen Preise festzulegen und an Ihren Konditionen zu arbeiten.
Um als Freiberufler erfolgreich zu sein, ist es wichtig, Kunden zu finden, die bereit sind, für Ihre Talente und Dienstleistungen zu zahlen. Dazu kann es gehören, sich mit möglichen Kunden zu vernetzen, eine Website oder einen Social-Media-Auftritt zu entwickeln, um Ihre Arbeit hervorzuheben, und Ihre Dienstleistungen erfolgreich zu bewerben.

Investieren Sie in Ihr eigenes Lernen und Wachstum.
Schließlich ist die Investition in Ihr eigenes Lernen und Wachstum eine der besten Methoden, um Ihr Einkommen zu steigern. Dazu kann gehören, zur Schule zu gehen, einen Abschluss zu machen oder einfach nur Bücher zu lesen und Fachleuten auf diesem Gebiet zuzuhören.
Sie können Ihr Verdienstpotenzial steigern und sind besser auf neue Chancen vorbereitet, wenn Sie ständig dazulernen und Ihre Fähigkeiten weiterentwickeln. Darüber hinaus sind Sie an der Beschäftigungsfront marktfähiger und gewinnen mit größerer Wahrscheinlichkeit höher bezahlte Kunden oder Arbeitgeber.

Wie Sie sehen, gibt es mehrere Ansätze, mit denen Sie Ihr Einkommen steigern und finanziell erfolgreich sein können. Es gibt viele Möglichkeiten, jetzt mit der Steigerung Ihres Einkommens zu beginnen, darunter herauszufinden, was Ihre Stärken und Leidenschaften sind, Ihr Wissen und Ihre Fähigkeiten zu entwickeln, Netzwerke zu knüpfen und Beziehungen aufzubauen, neue Einkommensquellen zu finden, über eine Gehaltserhöhung zu verhandeln und mehr Herausforderungen und Verantwortung zu übernehmen , indem Sie Ihre Fähigkeiten und Dienstleistungen als Freiberufler anbieten oder in Ihre eigene Ausbildung und Entwicklung investieren.

Denken Sie daran, dass mehr Geld nicht die einzige Möglichkeit ist, Ihr Einkommen zu steigern. Dazu gehört auch die Entwicklung der Einstellung und der Fähigkeiten, die für den finanziellen Erfolg erforderlich sind. Mit den in diesem Abschnitt beschriebenen Techniken können Sie Ihr finanzielles Schicksal selbst in die Hand nehmen und echten finanziellen Erfolg erleben.

Kapitel fünf

Ein wichtiges Handbuch zur Einrichtung eines Notfallfonds

Wir alle haben unvorhergesehene finanzielle Krisen erlebt, wie zum Beispiel einen Autounfall, unerwartete medizinische Kosten, ein kaputtes Gerät, einen Einkommensrückgang oder sogar ein kaputtes Mobiltelefon. Egal wie groß oder klein, diese unvorhergesehenen Kosten scheinen oft im schlimmsten Moment zu entstehen.

Eines der wichtigsten Dinge, die Sie tun können, um sich zu schützen, besteht darin, mit dem Sparen zu beginnen, indem Sie einen Spar- oder Notfallfonds einrichten. Sie können sich schneller erholen und wieder Fortschritte bei der Erreichung Ihrer umfassenderen Sparziele machen, indem Sie für diese unvorhergesehenen Kosten Geld – und sei es auch nur in bescheidenem Umfang – beiseite legen.

Ein Notfallfonds: Was ist das?

Eine eigens für unvorhergesehene Kosten oder finanzielle Probleme gebildete Barreserve wird als Notfallfonds bezeichnet. Krankheitskosten, Hausreparaturen, Autoreparaturen und Einkommensverluste sind einige typische Beispiele.

Im Allgemeinen können Sie das Notfallsparen für unerwartete Ausgaben oder Zahlungen nutzen, die nicht in Ihren regulären monatlichen Ausgaben und Ausgaben enthalten sind.

Warum ist es für mich notwendig?
Wenn Sie nicht über Ersparnisse verfügen, kann Ihnen selbst ein kleiner finanzieller Rückschlag später Probleme bereiten, und wenn daraus Schulden entstehen, kann dieser Schaden nicht verschwinden.

Untersuchungen zufolge haben diejenigen, denen es schwer fällt, einen finanziellen Rückschlag zu verkraften, tendenziell weniger Rücklagen, um eine weitere Katastrophe zu überstehen. Sie könnten auf Kredite oder Kreditkarten angewiesen sein, was zu Schulden führen kann, die oft schwieriger zurückzuzahlen sind. Um diese Ausgaben zu decken, könnten sie auch Geld aus anderen Anlagen, beispielsweise Rentenkonten, abheben.

Wie viel davon brauche ich?
Abhängig von Ihren Umständen müssen Sie möglicherweise

ein größeres Notfallsparkonto einrichten. Berücksichtigen Sie die häufigsten Arten unvorhergesehener Ausgaben, mit denen Sie in der Vergangenheit konfrontiert wurden, sowie die damit verbundenen Kosten. Dies kann Ihnen dabei helfen, den gewünschten Einlagerungsbetrag zu ermitteln.
Geld beiseite zu legen kann eine Herausforderung sein, wenn Sie nicht jede Woche oder jeden Monat den gleichen Betrag erhalten oder wenn Sie von Gehaltsscheck zu Gehaltsscheck leben. Allerdings kann bereits ein kleiner Betrag für eine gewisse Währungsstabilität sorgen.

Lesen Sie weiter und finden Sie heraus, welche Sparstrategie bzw. welche Sparstrategien für Sie am effektivsten sind.

Wie soll ich es aufbauen?
Es gibt mehrere Möglichkeiten, mit dem Geldsparen zu beginnen. Diese Taktiken zielen auf eine Vielzahl von Umständen ab, z. B. auf eine geringe Sparfähigkeit oder ein unbeständiges Einkommen. Möglicherweise können Sie alle diese Taktiken anwenden, aber die einfachsten Methoden für den Einstieg bestehen darin, Ihren Cashflow zu verwalten oder einen Teil Ihrer Steuererklärung beiseite zu legen, wenn Sie nicht viel zu sparen haben.

Technik: Machen Sie das Sparen zur Gewohnheit.
Regelmäßiges Sparen macht es einfacher, Geld in beliebiger Höhe anzusammeln. Dies ist eine der schnellsten Methoden auf diese Weise. Wenn Sie nicht bereits regelmäßig sparen, finden Sie hier einige wichtige Richtlinien für die Entwicklung und Aufrechterhaltung einer Spargewohnheit:

Legen Sie ein Ziel fest: Wenn Sie ein klares Ziel für Ihre Ersparnisse haben, bleiben Sie motiviert. Die Einrichtung eines Notfallfonds könnte ein machbares Ziel sein, das Sie gerade am Anfang auf Kurs hält. Je nachdem, wie viel und wie oft Sie sparen können, können Sie mit unserem Sparplanungsrechner ermitteln, wie lange Sie brauchen, um Ihr Ziel zu erreichen.

Richten Sie einen Mechanismus für regelmäßige Beiträge ein: Es gibt viele Methoden, Geld zu sparen, und eine der einfachsten ist oft die Einrichtung automatischer wiederkehrender Zahlungen, wie Sie weiter unten sehen werden. Eine andere Möglichkeit besteht darin, jeden Tag, jede Woche oder jeden Zahlungszeitraum einen bestimmten Geldbetrag beiseite zu legen. Setzen Sie sich ein Ziel für einen bestimmten Betrag, und Ihre Ersparnisse erhöhen sich viel schneller, wenn Sie es sich manchmal leisten können, mehr zu tun.

Verfolgen Sie Ihre Fortschritte regelmäßig. Richten Sie eine Routine zur Überprüfung Ihrer Gelder ein. Wenn Sie einen Mechanismus finden, mit dem Sie Ihren Fortschritt verfolgen können, kann dies zu Zufriedenheit und Motivation führen, weiterzumachen, sei es durch das Aufzeichnen einer laufenden Liste Ihrer Spenden oder durch den Erhalt einer automatischen Benachrichtigung über Ihren Kontostand.

Feiern Sie Ihre Siege. Wenn Sie Ihrer Sparroutine treu bleiben, sollten Sie sich die Gelegenheit nicht entgehen lassen, Ihre Erfolge anzuerkennen. Wählen Sie ein paar Selbstpflegetechniken aus und entscheiden Sie sich für Ihr nächstes, nachdem Sie Ihr erstes Ziel erreicht haben.

Wer kann davon profitieren? Jeder, aber diejenigen, die über ein festes Einkommen verfügen, werden besonders gefördert. Möglicherweise machen Sie es sich zur Gewohnheit, einen Teil Ihres Gehalts oder Ihres regelmäßigen Einkommens auf ein Notfallsparkonto einzuzahlen.

Methode: Kontrollieren Sie Ihren Geldfluss.
Der Zeitpunkt, zu dem Ihr Geld eingeht (aus Ihren

Einnahmen) und ausgeht (aus Ihren Kosten und Ausgaben), macht Ihren Cashflow aus. Eine ungenaue Zeitplanung kann dazu führen, dass Ihnen am Ende der Woche oder des Monats das Geld ausgeht. Wenn Sie dies jedoch regelmäßig im Auge behalten, werden Sie erkennen, wo Sie Anpassungen an Ihren Ersparnissen und Ausgaben vornehmen können.

Möglicherweise können Sie mit Ihren Gläubigern (Vermietern, Energieversorgern, Kreditkartenunternehmen usw.) verhandeln, um die Fälligkeitstermine Ihrer Zahlungen zu ändern, oder Sie können die Wochen, in denen Sie mehr Geld haben, nutzen, um einen kleinen Betrag zu überweisen Ersparnisse.

Wer kann davon profitieren? Alle. Unabhängig davon, ob Sie von Gehaltsscheck zu Gehaltsscheck leben oder dazu neigen, mehr auszugeben, als Ihr Budget zulässt, ist dies ein wesentlicher erster Schritt bei der Verwaltung Ihres Geldes.

Strategie: Einmalige Sparchancen nutzen.
Darüber hinaus kann es Zeiten im Jahr geben, in denen es zu großen Gewinnen kommt. Eine Steuerrückerstattung ist oft einer der größten Schecks, die Menschen in den Vereinigten Staaten jedes Jahr erhalten. Zu anderen Zeiten im Jahr, beispielsweise an einem Geburtstag oder Feiertag, können Sie ein Geldgeschenk erhalten.
Auch wenn es einfach wäre, alles auszugeben, können Sie durch das Behalten eines Teils oder des gesamten Geldes schnell Notgelder ansammeln.

Wer kann davon profitieren? Alle, aber insbesondere diejenigen mit uneinheitlichem Einkommen. Denken Sie immer darüber nach, einen größeren Scheck, den Sie für eine Steuererklärung oder aus einem anderen Grund erhalten, ganz oder teilweise per Post einzusenden.

Technik: Automatisches Sparen einrichten.
Die Einrichtung eines automatischen Sparkontos ist eine der einfachsten Möglichkeiten, regelmäßig mit dem Sparen zu beginnen und zu sehen, wie Ihr Guthaben mit der Zeit wächst. Richten Sie wiederkehrende Überweisungen über Ihre Bank oder Kreditgenossenschaft ein, um Geld automatisch von Ihrem Girokonto auf Ihr Sparkonto zu überweisen. Nach der Einrichtung tragen Sie kontinuierlich zu Ihren Ersparnissen bei, wobei Sie selbst entscheiden können, wie viel und wie oft.

Es ist jedoch eine gute Idee, Ihr Guthaben im Auge zu behalten, um Überziehungsgebühren zu vermeiden, falls Ihr Girokonto zum Zeitpunkt der automatisierten Transaktion kein Guthaben mehr aufweist. Um wachsam zu bleiben, sollten Sie Kalendererinnerungen oder automatische Benachrichtigungen hinzufügen, die Sie daran erinnern, Ihr Guthaben zu überprüfen.

Wer kann davon profitieren? Jeder, aber diejenigen, die über ein festes Einkommen verfügen, werden besonders gefördert. Auch hier sind Sie selbst dafür verantwortlich, wie viel und wie oft Sie Geld zwischen Konten verschieben, aber Sie sollten immer sicherstellen, dass Sie das Geld erhalten. Wenn sich Ihre Umstände oder Ihr Einkommen ändern, können Sie es jederzeit ändern.

Plan: Geld durch Arbeit zur Seite legen.
Sie können auch automatische Einsparungen für Ihren Job einrichten. Abgesehen von den arbeitgeberabhängigen Rentenzahlungen können Sie Ihr Gehalt ggf. auf Ihr Spar- und Girokonto aufteilen. Wenn Sie Ihren Gehaltsscheck per

Direktüberweisung erhalten, fragen Sie Ihr Unternehmen, ob eine Aufteilung auf zwei Konten möglich ist. Dies ist ein einfacher Ansatz, um Geld beiseite zu legen, ohne viel darüber nachzudenken, wenn Sie versucht sind, Ihr Gehalt sofort auszugeben.

Für diejenigen, die über ein stabiles Einkommen verfügen, ist dies von Vorteil. Auch hier gilt: Wenn Ihr Unternehmen Ihnen regelmäßig einen Scheck schickt, zahlen Sie zuerst sich selbst, indem Sie automatisch einen Teil davon zum Sparen beiseite legen.

An welchem Ort soll ich es aufbewahren?
Es hängt von Ihren Umständen ab und davon, wo Sie Ihr Notfallgeld anlegen. Dieses Geld sollte an einem sicheren Ort aufbewahrt werden, an dem es leicht zugänglich ist und wo es unwahrscheinlich ist, dass es für andere als Notfälle ausgegeben wird.
Sie können aus den folgenden Alternativen die Option auswählen, die Ihren Bedürfnissen am besten entspricht, wo Sie Ihre Notfalleinsparungen anlegen möchten:

Bank- oder Kreditgenossenschaftskonto: Es kann sinnvoll sein, ein bestimmtes Konto zu haben, auf dem Sie diese Gelder aufbewahren und verwalten können, wenn Sie ein Konto bei einem dieser Institute haben, die oft als einer der sichersten Orte für die Einzahlung Ihres Geldes gelten.
Mit einer Prepaid-Karte können Sie Geld einzahlen. Sie können nur den Betrag ausgeben, der auf Ihrer Karte verfügbar ist, und die Karte ist keiner Bank oder Kreditgenossenschaft angeschlossen.
Kasse: Eine weitere Möglichkeit ist es, Bargeld für den Notfall

bereitzuhalten, entweder zu Hause oder bei einem zuverlässigen Familienmitglied oder Freund. Denken Sie daran, dass Geld verloren gehen, gestohlen oder zerstört werden kann.
Sprießende Pflanzen aus Münz- und Geldscheinstapeln

Wann soll ich es verwenden?
Entscheiden Sie selbst, bei welchen Ausgaben es sich um Notfälle handelt. Auch wenn nicht jeder unvorhergesehene Preis eine unmittelbare Krise darstellt, versuchen Sie, die Konsistenz aufrechtzuerhalten. Sie könnten es benötigen, um medizinische Kosten zu decken, die nicht von der Versicherung übernommen wurden, auch wenn es sich nicht um einen Notarztbesuch handelt.

Möglicherweise können Sie Schulden vermeiden, indem Sie eine Bargeldreserve für unvorhergesehene Ausgaben anlegen, anstatt auf Kredite oder andere Kreditoptionen angewiesen zu sein. Wenn Sie zur Deckung dieser Kosten eine Kreditkarte verwenden oder einen Kredit aufnehmen, können Ihre einmaligen Notfallausgaben aufgrund von Zinsen und anderen Strafen viel höher ausfallen als Ihre ursprüngliche Zahlung.

Aber wenn Sie es brauchen, haben Sie keine Angst, es zu verwenden. Einfach ausgedrückt: Wenn Ihr Notfallfonds aufgebraucht ist, versuchen Sie, ihn wieder aufzufüllen. Wenn Sie das Sparen im Laufe der Zeit üben, wird es einfacher.

Kapitel sechs

In die Zukunft investieren: Wie Sie Ihr Geld für sich arbeiten lassen

Was beinhaltet Investieren?

Im Allgemeinen ist Investieren der Akt der Zuteilung von Ressourcen, in der Regel Kapital (d. h. Geld), mit der Erwartung, ein Einkommen, einen Gewinn oder einen Gewinn zu erwirtschaften; Dabei handelt es sich um den Prozess, Geld für einen bestimmten Zeitraum in ein Projekt oder eine Unternehmung zu investieren, um positive Renditen zu erzielen (d. h. Gewinne, die den Betrag der ursprünglichen Investition übersteigen).

Investitionen können verschiedene Formen annehmen (direkt oder indirekt). Beispielsweise könnte man Kapital verwenden, um ein Unternehmen zu gründen oder Vermögenswerte wie Immobilien zu kaufen, mit der Absicht, diese in der Zukunft zu vermieten und/oder mit Gewinn zu verkaufen.

Investieren und Sparen sind nicht dasselbe. Beim Investieren geht es darum, Geld einzusetzen, was ein implizites Risiko mit sich bringt, dass das damit verbundene Projekt oder die damit verbundenen Projekte scheitern und zu einem Kapitalverlust führen könnten. Bei der Spekulation hingegen geht es nicht per se darum, Geld einzusetzen; Vielmehr geht es darum, auf kurzfristige Preisschwankungen zu wetten.

Lernen, wie man investiert
Investieren ist der Prozess, Geld im Laufe der Zeit zu vermehren. Sein Grundgedanke ist die Erwartung einer positiven Rendite in Form von Erträgen oder einer statistisch signifikanten Preissteigerung. Es gibt eine Vielzahl von Vermögenswerten, in die man investieren und eine Rendite erzielen kann.

Die beiden Begriffe „Risiko" und „Rendite" sind in der Welt des Investierens synonym. Ein geringeres Risiko führt typischerweise zu niedrigeren erwarteten Renditen, während höhere Renditen typischerweise zu einem höheren Risiko führen. Am risikoärmeren Ende des Spektrums befinden sich Basisinvestitionen wie Einlagenzertifikate (CDs); Anleihen oder festverzinsliche Instrumente liegen auf der Risikoskala höher, während Aktien oder Aktien als riskanter gelten. Rohstoffe und Derivate sind im Allgemeinen die riskantesten Anlagen.

Innerhalb einer Anlageklasse können sich die Risiko- und Renditeerwartungen erheblich unterscheiden. Beispielsweise hätte ein an einem kleineren Markt notierter Micro-Cap ein deutlich anderes Risiko-Rendite-Profil als ein an der New Yorker Börse notierter Blue-Chip.

Die Renditen, die ein Vermögenswert generiert, variieren je

nach Art. Beispielsweise zahlen Anleihen in der Regel vierteljährlich Zinsen, während viele Aktien vierteljährlich Dividenden zahlen. Darüber hinaus werden verschiedene Einkommensquellen in vielen Ländern unterschiedlich besteuert.

Die Gesamtrendite einer Investition kann daher als die Summe aus Einkommen und Kapitalzuwachs betrachtet werden. Standard & Poor's schätzt, dass Dividenden seit 1926 fast ein Drittel zur gesamten Aktienrendite des S&P 500 beigetragen haben, während Kapitalgewinne zwei Drittel beitrugen. Preissteigerungen sind neben regelmäßigen Erträgen wie Dividenden oder Zinsen ein wichtiger Renditebestandteil.

Aus diesem Grund sind Kapitalgewinne ein entscheidender Bestandteil der Investition.

Für Ökonomen sind Investieren und Sparen zwei Seiten derselben Medaille. Denn wenn Sie Geld sparen, indem Sie es bei einer Bank anlegen, leiht die Bank es an Personen oder Unternehmen, die es für legitime Zwecke leihen möchten, sodass Ihre Ersparnisse häufig von jemand anderem investiert werden.

Anlagearten
Heutzutage sind Investitionen meist mit Finanzinstrumenten verbunden, die es Einzelpersonen oder Unternehmen ermöglichen, Bargeld zu beschaffen und Unternehmen zur Verfügung zu stellen, die die Mittel dann für Expansions- oder umsatzgenerierende Vorhaben verwenden.

Obwohl es viele andere Arten von Investitionen gibt, sind die folgenden die beliebtesten:

Aktien
Durch den Kauf von Aktien hat der Käufer Anspruch auf

einen Teil des Unternehmensgewinns; Aktionäre, oft auch Eigentümer genannt, können an der Entwicklung und dem Erfolg des Unternehmens teilhaben, indem sie von Zeit zu Zeit Dividenden aus den Gewinnen des Unternehmens und steigenden Aktienkursen zahlen.

Fesseln
Anleihen sind finanzielle Verpflichtungen von Unternehmen, Regierungen und Kommunen. Mit dem Kauf einer Anleihe übernimmt man das Eigentum an einem Teil der Schulden einer Organisation und hat Anspruch auf regelmäßige Zinszahlungen sowie auf die Rückzahlung des Nennwerts der Anleihe bei Fälligkeit.

Geld
Investmentmanager beaufsichtigen Fonds, bei denen es sich um gepoolte Instrumente handelt, die es Anlegern ermöglichen, in Aktien, Anleihen, Vorzugsaktien, Rohstoffe usw. zu investieren. Investmentfonds und Exchange Traded Funds (ETFs) sind die beiden beliebtesten Fondsarten; Investmentfonds werden am Ende des Handelstages bewertet und nicht an einer Börse gehandelt, während ETFs an Börsen gehandelt werden und während des Handelstages fortlaufend bewertet werden. Sowohl Investmentfonds als auch ETFs können von Fondsmanagern aktiv verwaltet werden oder Indizes wie den S&P 500 oder den Dow Jones Industrial Average passiv nachbilden.

Trusts für Investitionen
Ein Trust ist eine weitere Form der gebündelten Anlage. Eine der bekanntesten Arten von Trusts in dieser Kategorie sind Real Estate Investment Trusts (REITs), die in Wohn- oder Gewerbeimmobilien investieren und auf der Grundlage der Mieteinnahmen, die diese Immobilien erwirtschaften, regelmäßig Geld an die Anleger ausschütten. Da REITs an

Börsen notiert sind, stellen sie Anlegern sofortige Liquidität zur Verfügung.

Alternative Finanzpositionen
Hedgefonds und Private Equity sind zwei Beispiele für alternative Anlagen. Hedgefonds sind nach ihrer Fähigkeit benannt, Hebelwirkungen zu nutzen, um Investitionswetten auszugleichen. Private Equity ermöglicht es Unternehmen, Kapital zu beschaffen, ohne an die Börse zu gehen. Traditionell erhielten nur wohlhabende Privatpersonen Zugang zu Hedgefonds und Private Equity, die bestimmte Einkommens- und Vermögensanforderungen erfüllten. In den letzten Jahren wurden alternative Investments jedoch über Fondsformate auch für Privatanleger zugänglich gemacht.

Alternative Derivate und Optionen
Derivate sind Finanzinstrumente, deren Wert von einem anderen Instrument, beispielsweise einem Index oder einer Aktie, abgeleitet wird. Eine übliche Art von Derivat ist ein Optionskontrakt, der dem Käufer das Recht, aber nicht die Verpflichtung einräumt, ein Wertpapier zu einem festen Preis innerhalb eines vorgegebenen Zeitfensters zu kaufen oder zu verkaufen. Da Derivate in der Regel eine Hebelwirkung beinhalten, gelten sie als risikoreiche und ertragreiche Anlagen.

Waren und Dienstleistungen
Rohstoffe können über Warentermingeschäfte gehandelt werden, bei denen es sich um Vereinbarungen zum Kauf oder Verkauf einer bestimmten Menge einer Ware zu einem bestimmten Preis an einem bestimmten Datum in der Zukunft handelt, oder über börsengehandelte Fonds (ETFs). Rohstoffe können zu Spekulations- oder Risikoabsicherungszwecken eingesetzt werden. Zu den Rohstoffen zählen Metalle, Öl, Getreide und tierische Produkte sowie Finanzinstrumente und

Währungen.

Vergleich von Anlageansätzen
Vergleichen wir zwei der beliebtesten Anlageansätze:

Obwohl beide Strategien Vor- und Nachteile haben, übertreffen in der Praxis nur wenige Fondsmanager ihre Benchmarks ausreichend, um die höheren Kosten einer aktiven Verwaltung zu rechtfertigen. Aktives Investieren zielt darauf ab, „den Index zu schlagen", indem das Anlageportfolio aktiv verwaltet wird. Passives Investieren hingegen befürwortet einen passiven Ansatz, wie den Kauf eines Indexfonds, in stiller Anerkennung der Tatsache, dass es schwierig ist, den Markt dauerhaft zu schlagen.
Wachstum versus Wert: Value-Investoren suchen nach Unternehmen mit deutlich niedrigeren KGVs und höheren Dividendenrenditen als Wachstumsunternehmen, da letztere bei Anlegern möglicherweise über einen längeren Zeitraum in Ungnade fallen. Wachstumsinvestoren hingegen investieren lieber in wachstumsstarke Unternehmen, die typischerweise höhere Bewertungsverhältnisse, wie etwa das Kurs-Gewinn-Verhältnis (KGV), aufweisen.

So tätigen Sie Investitionen

Selbsttätiges Investieren
Wenn Sie ein Do-It-Yourself-Investor (DIY) sind oder Ihr Geld lieber von einem Profi verwalten lassen möchten, ist die Antwort auf die Frage, wie man investiert, einfach: Viele Anleger, die ihr Geld lieber selbst verwalten möchten, haben Discount- oder Online-Konten Brokerunternehmen aufgrund ihrer niedrigen Provisionen und der Einfachheit, mit der Geschäfte auf ihren Plattformen ausgeführt werden können.

Eigenständiges Investieren, auch selbstgesteuertes Investieren genannt, erfordert ein gewisses Maß an Wissen, Fachwissen, Zeit und emotionaler Zurückhaltung. Wenn Ihnen eine dieser Eigenschaften nicht zusagt, ist es möglicherweise klüger, einen Berater mit der Verwaltung Ihres Geldes zu beauftragen.

Kompetente Abwicklung von Investitionen
Professionelle Vermögensverwalter berechnen ihren Kunden einen Prozentsatz des verwalteten Vermögens (AUM). Obwohl professionelles Geldmanagement teurer ist als die Verwaltung des eigenen Geldes, sind diese Anleger bereit, für die Bequemlichkeit zu zahlen, dass ein Experte ihre Recherche, ihren Handel und ihre Anlageentscheidungen übernimmt. Typischerweise beauftragen diese Anleger Vermögensverwalter, die sich um ihre Anlagen kümmern.

Anlegern wird empfohlen, den Lizenz- und Registrierungsstatus ihrer Anlageexperten beim Office of Investor Education and Advocacy der SEC zu überprüfen.

Investitionen mit einem Roboterberater
Einige Anleger entscheiden sich dafür, den Empfehlungen automatisierter Finanzberater (Robo Advisors) zu folgen. Robo-Advisors, die auf künstlicher Intelligenz und Algorithmen basieren, sammeln Informationen über Anleger und deren Risikotoleranz, um entsprechende Empfehlungen abzugeben. Da sie weitgehend ohne menschliches Eingreifen funktionieren, stellen sie eine kostengünstige Alternative zu menschlichen Anlageberatern dar. Mit dem technologischen Fortschritt können Robo-Berater Kunden nun bei der Altersvorsorgeplanung, der Treuhandverwaltung und anderen Altersvorsorgekonten, einschließlich 401(k)s, unterstützen.

Eine Zusammenfassung der Vergangenheit des Investierens

Obwohl die Idee des Investierens Tausende von Jahren zurückreicht, entstand die moderne Form des Investierens im 17. und 18. Jahrhundert, als die ersten öffentlichen Märkte entwickelt wurden, um Investoren mit Anlagemöglichkeiten zu verbinden: Die Amsterdamer Börse wurde 1602 gegründet und die New Yorker Börse Börse (NYSE) im Jahr 1792.

Investitionen in die industrielle Revolution
Der größere Wohlstand, der darauf folgte Die industriellen Revolutionen von 1760–1840 und 1860–1914 ermöglichten es den Menschen, Geld zu sparen, das investiert werden konnte, was wiederum zur Entwicklung eines fortschrittlichen Bankensystems führte. Die meisten bekannten Banken, die heute die Investmentwelt dominieren, wie Goldman Sachs und J.P. Morgan, haben ihre Gründung im 19. Jahrhundert.

Investieren in das 20. Jahrhundert
Im 20. Jahrhundert entstanden neue Ideen in den Bereichen Vermögenspreisgestaltung, Portfoliotheorie und Risikomanagement, und viele neue Anlageinstrumente – wie Hedgefonds, Private Equity, Risikokapital, REITs und Exchange Traded Funds (ETFs) – wurden im 20. Jahrhundert eingeführt zweite Hälfte des Jahrhunderts.

Durch die schnelle Ausbreitung des Internets erhielt die Öffentlichkeit in den 1990er Jahren Zugang zu Online-Recherche- und Handelstools und vollendete damit die über ein Jahrhundert zuvor begonnene Demokratisierung von Investitionen.

Modernes Investieren
Das 21. Jahrhundert wurde durch das Platzen der Dot.com-Blase eingeläutet und vielleicht auch in Gang gesetzt, die durch Investitionen in technologiegetriebene und Online-Unternehmensaktien eine neue Generation von

Millionären hervorbrachte. Im Mittelpunkt stand im Jahr 2001 der Zusammenbruch von Enron mit all seinen Betrügereien, die das Unternehmen und seine Wirtschaftsprüfungsgesellschaft Arthur Andersen sowie viele seiner Investoren in den Bankrott trieben.

Die Große Rezession von 2007–2009, die dazu führte, dass eine große Zahl gescheiterter Investitionen in hypothekenbesicherte Wertpapiere zusammenbrach, die Volkswirtschaften weltweit lahmlegte, namhafte Banken und Investmentfirmen in den Bankrott trieb, die Zahl der Zwangsvollstreckungen erhöhte und die Vermögenslücke vergrößerte, ist dies eines der bedeutendsten Ereignisse des 21. Jahrhunderts, wenn nicht der gesamten Menschheitsgeschichte.

Im 21. Jahrhundert kam es zu einer starken Verbreitung kostengünstiger Online-Investmentfirmen und Freihandelsanwendungen wie Robinhood, die es Anfängern und nicht-traditionellen Anlegern ermöglichten, die Welt des Investierens zu erkunden.

Spekulation vs. Investieren
Drei Kriterien entscheiden darüber, ob der Kauf eines Wertpapiers als Spekulation oder Investition gilt:

Die Höhe des eingegangenen Risikos: Im Vergleich zur Spekulation ist das Investieren oft mit einem geringeren Risiko verbunden.
Die Haltedauer der Investition: Bei Spekulationen sind die Haltedauern in der Regel deutlich kürzer, bei Investitionen ist die Haltedauer jedoch meist länger und wird oft in Jahren ausgedrückt.
Renditequelle: Beim spekulativen Investieren ist der Preisanstieg oft die primäre Renditequelle; Dennoch können

Dividenden oder Ausschüttungen einen erheblichen Teil der Anlageerträge ausmachen. Angesichts der Tatsache, dass Preisvolatilität eine gängige Methode zur Risikomessung ist, würde der Kauf eines konservativen Blue-Chips und die Erwartung, ihn einige Jahre lang zu halten, als Investition betrachtet; Der Kauf einer Kryptowährung mit der Absicht, sie innerhalb weniger Tage mit einem schnellen Gewinn umzudrehen, würde hingegen eindeutig als Spekulation betrachtet.

Ein Beispiel für eine Investitionsrendite
Da XYZ keine Dividenden zahlt, nehmen wir an, Sie haben 100 Aktien des Unternehmens für 310 $ gekauft und genau ein Jahr später für 460,20 $ verkauft. Ihre erwartete Gesamtrendite, ohne Gebühren, würde (460,20 $ minus 310 $) x 100 % = 48,5 % betragen.

Hätte XYZ hingegen während der gesamten Zeit, in der Sie die Aktie hielten, Dividenden pro Aktie in Höhe von 5 US-Dollar ausgezahlt, wäre Ihre geschätzte Gesamtrendite 50,11 % gewesen (Kapitalgewinne: 48,5 % + Dividenden: (500 US-Dollar/31.000 US-Dollar) x 100 % = 1,61 %).

Wie kann ich mein erstes Geld anlegen?
Das Investieren kann auf zwei Arten erfolgen: Entweder Sie tätigen es selbst und wählen die Anlagen basierend auf Ihrem Anlagestil aus, oder Sie beauftragen einen Investmentprofi, beispielsweise einen Berater oder Makler. Zunächst sollten Sie entscheiden, welche Art von Investitionen Sie tätigen möchten und wie viel Risiko Sie einzugehen bereit sind; Wenn Sie risikoscheu sind, sind Aktien und Optionen möglicherweise nicht die beste Option. Als Nächstes sollten Sie eine Strategie erstellen, die Ihre Ziele und Präferenzen darlegt, wie viel, wie oft und in was Sie investieren möchten. Bevor Sie Ihre Ressourcen zuweisen, stellen Sie abschließend

sicher, dass die Zielinvestition mit Ihrer Strategie übereinstimmt und das Potenzial dazu hat die gewünschten Ergebnisse liefern. Denken Sie daran, dass Sie nicht viel Geld benötigen, um zu beginnen, und dass Sie es anpassen können, wenn sich Ihre Bedürfnisse ändern.

Welche Arten von Investitionen gibt es?
Anlagemöglichkeiten gibt es in Hülle und Fülle; Aktien, Anleihen, Immobilien und ETFs/Investmentfonds gehören zu den beliebtesten. Denken Sie auch an Immobilien, CDs, Renten, Kryptowährungen, Rohstoffe, Sammlerstücke und Edelmetalle.

Wie kann mein Geld durch Investitionen wachsen?
Investitionen müssen nicht unbedingt von wohlhabenden Menschen getätigt werden. Sie können kleine Investitionen tätigen, z. B. günstige Aktien kaufen, kleine Geldbeträge auf ein verzinsliches Sparkonto einzahlen oder sparen, bis Sie einen Zielbetrag für die Investition erreicht haben. Wenn Ihr Arbeitgeber über einen Altersvorsorgeplan wie einen 401(k) verfügt, legen Sie kleine Beträge Ihres Einkommens beiseite, bis Sie Ihre Investition erhöhen können. Wenn Ihr Arbeitgeber übereinstimmt, stellen Sie möglicherweise fest, dass sich Ihre Investition verdoppelt hat.

Sie können bereits ab 1.000 US-Dollar mit der Investition beginnen und erhebliche Renditen erzielen. Wenn Sie beispielsweise 1.000 US-Dollar in den Börsengang von Amazon im Jahr 1997 investiert hätten, hätten Sie jetzt Millionen von US-Dollar. Dies ist zum Teil auf mehrere Aktiensplits zurückzuführen, ändert aber nichts an der Tatsache, dass die Erträge enorm waren. Sparkonten sind bei den meisten Finanzinstituten erhältlich und erfordern in der Regel keine große Anfangsinvestition. Die besten Sparkonten sind diejenigen mit den meisten Funktionen und wettbewerbsfähigen Konditionen.

Eine Investition von 1.000 US-Dollar in Immobilien bedeutet nicht unbedingt den Kauf einer einkommensbringenden Immobilie; Sie können Ihr Geld in einen Real Estate Investment Trust (REIT) investieren, ein Unternehmen, das in Immobilien investiert und diese verwaltet, um Einnahmen und Gewinne zu erzielen. Mit 1.000 US-Dollar können Sie REIT-Aktien, Investmentfonds oder börsengehandelte Fonds kaufen.

Sind Investieren und Glücksspiel dasselbe?
Nein, es gibt erhebliche Unterschiede zwischen Glücksspiel und Investieren. Beim Investieren geht es darum, Ihr Geld in Aktivitäten oder Projekte zu stecken, von denen erwartet wird, dass sie im Laufe der Zeit eine positive Rendite abwerfen. Investieren hat eine positive erwartete Rendite. Beim Glücksspiel hingegen geht es darum, Wetten auf die Ergebnisse von Spielen oder Ereignissen abzuschließen; Ihr Geld wird überhaupt nicht eingesetzt und weist häufig eine negative erwartete Rendite auf. Während eine Investition Geld verlieren kann, geschieht dies, weil das betreffende Projekt nicht erfolgreich ist. Andererseits ist der Ausgang des Glücksspiels rein zufällig.

Das letzte Wort
Investieren bedeutet, Geld, Vermögenswerte, Kryptowährungen oder andere Tauschformen in etwas zu stecken, um Einkommen zu erwirtschaften oder einen Gewinn zu erzielen. Abhängig von Ihren Zielen und Ihrer Risikotoleranz können Sie zwischen verschiedenen Anlagen wählen, mit niedrigeren Renditen bei geringerer Risikoübernahme und höheren Renditen bei höherer Risikoübernahme. Beispiele für Anlagearten sind Aktien, Anleihen, Immobilien, Edelmetalle und mehr.

Verschiedene Anlageinstrumente weisen unterschiedliche Risiko- und Ertragsgrade auf, darunter Aktien, Anleihen, Investmentfonds und Immobilien.

Mithilfe der Technologie können Anleger jetzt automatisierte Anlagelösungen über Robo-Berater erhalten oder sich dafür entscheiden, mit einem zertifizierten und registrierten Anlageberater zusammenzuarbeiten. Alternativ können sie auch selbstständig und ohne die Hilfe eines Fachmanns investieren.

Eine große Anzahl von Fahrzeugen hat ihre Mindestinvestitionsanforderungen gesenkt, um die Teilnahme leichter zugänglich zu machen. Dennoch variiert die Höhe der für eine Investition erforderlichen Gegenleistung bzw. des Geldes stark, abhängig von der Art der Investition und der finanziellen Situation, den Zielen und Ambitionen des Anlegers.

eine Liste der zu erledigenden Aufgaben:

Legen Sie finanzielle Ziele fest: Wenn Sie Ihre Ziele kennen, können Sie die für Sie richtige Anlageart auswählen. Sparen Sie für eine Anzahlung für ein Haus? Planen Sie den Ruhestand? Bauen Sie einen Notfallfonds auf? Dies sind nur einige Beispiele für die finanziellen Ziele, die Sie haben sollten, bevor Sie mit der Investition beginnen.
Erkennen Sie die verschiedenen Anlagemöglichkeiten: Es gibt zahlreiche Anlagemöglichkeiten wie Aktien, Anleihen, Immobilien und Investmentfonds. Jede dieser Optionen birgt einzigartige Risiken und potenzielle Erträge. Daher ist es wichtig, eine sorgfältige Prüfung durchzuführen und die Vor- und Nachteile jeder Option abzuwägen.
Verteilen Sie Ihre Investitionen auf verschiedene

Anlageklassen und Branchen, um das Risiko zu minimieren. Dies ist eines der Grundprinzipien des Investierens. Durch die Diversifizierung Ihres Portfolios können Sie die Auswirkungen einer einzelnen Anlage mit schlechter Wertentwicklung auf Ihr gesamtes Portfolio verringern.

Erstellen Sie eine Risikomanagementstrategie: Eine Investition in den Aktienmarkt birgt immer ein gewisses Risiko. Daher ist es wichtig, einen Plan zur Verwaltung dieses Risikos zu haben. Zu den Strategien, die Sie in Betracht ziehen sollten, gehören die Diversifizierung Ihres Portfolios, der Kauf einer Kombination aus Wachstums- und Substanzunternehmen und die Begrenzung Ihrer Verluste durch Stop-Loss-Orders.

Denken Sie darüber nach, mit einem Finanzberater zusammenzuarbeiten. Investieren kann schwierig und zeitaufwändig sein; Ein Finanzberater kann Sie durch den Prozess begleiten und Ihnen helfen, kluge Entscheidungen über Ihre Investitionen zu treffen. Sie können Ihnen auch bei der Entwicklung eines maßgeschneiderten Investitionsplans helfen und Sie beraten, wie Sie Ihre finanziellen Ziele erreichen können.

Seien Sie geduldig und halten Sie sich an Ihren Plan. Investieren ist eine langfristige Strategie und es ist wichtig zu bedenken, dass es zu Schwankungen an den Aktienmärkten kommen kann. Auch wenn der Markt rückläufig ist, sollten Sie Ihrem Plan treu bleiben.

Bewerten Sie Ihr Portfolio regelmäßig und gleichen Sie es neu aus. Es ist wichtig, Ihr Portfolio regelmäßig zu bewerten und alle erforderlichen Änderungen vorzunehmen, um sicherzustellen, dass Ihre Anlagen weiterhin Ihren Zielen und Ihrer Risikotoleranz entsprechen.

Sie können Ihr Geld für sich arbeiten lassen und Ihre finanziellen Ziele erreichen, indem Sie die Grundlagen des Investierens erlernen, einen Plan erstellen und sich an einen

Finanzberater wenden. Investieren kann eine großartige Möglichkeit sein, im Laufe der Zeit Vermögen aufzubauen, aber es ist wichtig, bei Ihren Investitionen klug und strategisch vorzugehen.

.

Kapitel sieben

Jeder möchte komfortabel leben und für seine Lieben sorgen, deshalb möchten wir alle unser Vermögen schützen und vermehren. Aber die Schaffung und Erhaltung von Wohlstand ist nicht ohne Schwierigkeiten und Risiken. Hier kommen Versicherungen und Nachlassplanung ins Spiel. In diesem ausführlichen Leitfaden beleuchten wir den Wert des Vermögensschutzes, die Funktion von Versicherungen und die Bedeutung der Nachlassplanung für die Sicherung Ihrer finanziellen Zukunft.

Lassen Sie uns besprechen, wie Sie langfristige finanzielle Stabilität erreichen können, indem Sie Ihr Geld schützen und kluge Entscheidungen treffen.

Warum ist Vermögensschutz so wichtig?

Der Aufbau von Geld erfordert Engagement, Fleiß und eine sorgfältige Vorbereitung. Nachdem Sie ein beträchtliches Vermögen angesammelt haben, ist es wichtig, Ihr Vermögen vor unvorhergesehenen Ereignissen und möglichen Gefahren zu schützen. Geldschutz ist aus mehreren Gründen wichtig:

1) Notfallvorsorge: Unerwartete Ereignisse wie Krankheiten, Unfälle oder Naturkatastrophen können erhebliche negative Auswirkungen auf Ihre finanzielle Situation haben. Wenn Sie über die richtigen Vermögensschutzstrategien verfügen, können Sie sicherstellen, dass Sie und Ihre Lieben auch in schwierigen Zeiten Zugang zu Geld haben.

2) Bewahren Sie Ihr Erbe: Vermögensschutz umfasst mehr als nur den Schutz Ihres Umlaufvermögens; Ziel ist es auch, Ihr Erbe für künftige Generationen zu schützen und zu bewahren. Durch eine umsichtige Vermögensverwaltung und -sicherung können Sie Ihr Geld an Ihre Erben übertragen und eine reibungslose Vermögensübertragung ermöglichen.

3) Minimierung finanzieller Risiken: Einer der wichtigsten Aspekte der Vermögenserhaltung ist die Verwaltung und Diversifizierung Ihrer Anlagen. Auf diese Weise können Sie die Auswirkungen der Marktvolatilität und mögliche finanzielle Gefahren reduzieren.

Ich bin mir sicher, dass Sie inzwischen erkannt haben, wie wichtig es ist, Ihr Geld zu schützen. Lassen Sie uns also über die besten Strategien hierfür sprechen.

Wie soll Ihr Vermögen geschützt werden?

Investieren, Risikomanagement und sorgfältige Planung sind nur einige der vielen Taktiken, die einen umfassenden Ansatz zum Schutz von Vermögenswerten ausmachen. Hier sind einige wichtige Ansätze zum Schutz Ihres Geldes:

1) Diversifizierung: Einer der Eckpfeiler des Vermögensschutzes ist die Diversifizierung Ihrer Anlagen. Sie können das Risiko großer Verluste reduzieren und ein langfristiges Wachstum erzielen, indem Sie Ihr Portfolio auf verschiedene Anlageklassen verteilen, darunter Aktien, Anleihen, Immobilien und Rohstoffe.

2) Risikomanagement: Durch die Identifizierung möglicher Risiken wie Inflation, Marktvolatilität oder regulatorische Änderungen können Sie proaktive Maßnahmen ergreifen, um deren Einfluss auf Ihre Finanzstabilität zu verringern. Risikobewertung und -management sind entscheidende Bestandteile der Vermögenserhaltung.

3) Vermögenserhaltung: Ein weiterer wichtiger Teil der Vermögenserhaltung besteht darin, Ihr Vermögen von jeglicher rechtlichen Verantwortung zu isolieren. Sie können dies erreichen, indem Sie Rechtsstrukturen wie Gesellschaften mit beschränkter Haftung (Limited Liability Corporations, LLCs) und Trusts nutzen, die Ihr Vermögen vor Gläubigern und Rechtsstreitigkeiten schützen können.

4) Versicherung: Lassen Sie uns die Funktion einer Versicherung beim Schutz Ihres Geldes genauer untersuchen. Versicherungen sind ein wesentlicher Bestandteil des Vermögensschutzes und bieten finanzielle Sicherheit im Falle unvorhergesehener Ereignisse.

Umfassende Versicherungen zum Vermögensschutz
Jeder vollständige Vermögensverwaltungsplan muss eine Vermögensschutzversicherung umfassen, die aus mehreren Versicherungsdeckungen besteht, die Ihr Vermögen schützen und Ihnen finanzielle Stabilität bieten sollen. Einige beliebte Formen der Vermögensschutzversicherung sind:

1) Lebensversicherung: Eine Lebensversicherung garantiert, dass Ihre Angehörigen auch dann finanzielle Unterstützung erhalten, wenn Sie ihnen diese nicht mehr leisten können, indem Sie nach Ihrem Tod eine Auszahlung an Ihre

Begünstigten auszahlen.

2) Krankenversicherung: Die Krankenversicherung schützt Ihre Finanzen bei Krankheit, Unfall oder medizinischen Krisen, indem sie die medizinischen Kosten übernimmt.

3) Berufsunfähigkeitsversicherung: Die Berufsunfähigkeitsversicherung schützt Ihr Geld, indem sie garantiert, dass Sie im Falle einer Erwerbsunfähigkeit, die Sie daran hindert, zu arbeiten, immer über ein gleichbleibendes Einkommen verfügen.

4) Pflegeversicherung: Diese Versicherung schützt Ihr Vermögen vor der Belastung durch langfristige Arztrechnungen, indem sie die Kosten für Pflegeheime, Einrichtungen für betreutes Wohnen und häusliche Pflege übernimmt. Sie deckt auch die Kosten ab, die mit einer längeren medizinischen Behandlung einhergehen.

Wie wird Ihr Vermögen durch eine Versicherung geschützt?

Hier sind einige Möglichkeiten, wie Versicherungen Ihr Vermögen schützen: Versicherungen dienen als Sicherheitsnetz und bieten Seelenfrieden und finanzielle Sicherheit.

1) Finanzielle Stabilität: Ob Arztrechnungen, Anwaltskosten oder Sachschäden – die Versicherung garantiert Ihnen, dass Sie vor größeren finanziellen Rückschlägen geschützt sind. Im Falle unvorhergesehener Ereignisse sorgt eine Versicherung für finanzielle Stabilität, indem sie Kosten abdeckt, die andernfalls Ihre Ersparnisse aufzehren könnten.

2) Vermögenserhaltung: Wenn Sie über den entsprechenden Versicherungsschutz verfügen, können Sie den Verkauf wertvoller Vermögenswerte zur Deckung unvorhergesehener Ausgaben vermeiden, indem Sie die Notwendigkeit verringern, diese in schwierigen Zeiten zu liquidieren.

3) Risikominderung: Wenn Sie Ihre Prämien pünktlich zahlen, übertragen Sie die finanzielle Belastung durch mögliche Verluste auf den Versicherer und können sich so auf den Aufbau und den Schutz Ihres Vermögens konzentrieren.

Nachdem wir die Funktion von Versicherungen beim Vermögensschutz besprochen haben, wollen wir uns mit den Feinheiten der Nachlassplanung und den grundlegenden Phasen des Vermögensschutzes befassen.

Untersuchung der grundlegenden Phasen des Vermögensschutzes

Die Entwicklung einer starken Vermögensschutzstrategie erfordert ein Verständnis der verschiedenen Phasen, die den laufenden Prozess des Vermögensschutzes umfassen. Im Folgenden sind die grundlegenden Phasen des Vermögensschutzes aufgeführt:

1) Beurteilung und Bewertung: Diese Phase des Vermögensschutzes hilft Ihnen, die Bereiche zu identifizieren, die sofortiger Aufmerksamkeit bedürfen, und einen maßgeschneiderten Schutzplan zu erstellen, indem Sie Ihr Vermögen bewerten, Ihre aktuelle finanzielle Situation beurteilen und potenzielle Risiken identifizieren.

2) Risikomanagement: Nach Ihrer finanziellen Lagebeurteilung geht es in der nächsten Phase darum, mögliche Risiken zu reduzieren. Um dies zu erreichen, sollten Sie Ihre Anlagen diversifizieren, Versicherungen abschließen und rechtliche Strukturen nutzen, um Ihr Vermögen zu schützen.

3) Überwachung und Anpassungen: Die kontinuierliche Beobachtung Ihrer Finanzplanung und die Umsetzung entsprechender Anpassungen sind wesentliche Bestandteile der Vermögenssicherung. Veränderungen in der Wirtschaft, Ihrem Lebensstil und anderen äußeren Umständen können eine Anpassung Ihres Schutzplans erforderlich machen.

Sie können eine stabile finanzielle Zukunft garantieren, indem Sie diese Phasen meistern und Ihr Vermögen klug verwalten. Lassen Sie uns nun die Nachlassplanung und ihre Bedeutung für die Vermögensverwaltung besprechen.

Beeindrucken Sie Ihre Kunden, indem Sie Rechnungen unverwechselbar und elegant präsentieren.
Die beste Rechnungslösung, die speziell für Geschäftsinhaber entwickelt wurde, ist Invoice Temple.

Die Rolle der Nachlassplanung in der Vermögensverwaltung

Die Nachlassplanung ist ein integraler Bestandteil der Vermögensverwaltung, deren Schwerpunkt auf der Erhaltung und Verteilung Ihres Vermögens liegt. Dabei geht es darum, einen umfassenden Plan zu erstellen, um Ihr Vermögen reibungslos an die von Ihnen ausgewählten Begünstigten zu übertragen. Folgendes müssen Sie über die Nachlassplanung wissen:

1) Nachlassplanung definieren: Bei der Nachlassplanung handelt es sich um den Prozess der Organisation Ihrer Angelegenheiten, um eine ordnungsgemäße Verwaltung und Verteilung des Vermögens nach Ihrem Tod sicherzustellen. Dabei handelt es sich um die Erstellung von Rechtsdokumenten wie Testamenten, Treuhandverträgen und Vollmachten, in denen Ihre Wünsche und Anweisungen dargelegt werden.

2) Die Rolle von Testamenten und Trusts: Testamente und Trusts sind wesentliche Bestandteile der Nachlassplanung. Mit einem Testament können Sie festlegen, wie Ihr Vermögen verteilt werden soll, Vormunde für minderjährige Kinder bestimmen und einen Testamentsvollstrecker ernennen. Trusts hingegen bieten mehr Flexibilität und Kontrolle über die Vermögensverteilung und ermöglichen es Ihnen gleichzeitig, die Erbschaftssteuern potenziell zu minimieren.

3) Berücksichtigung von Steuern und Begünstigten: Bei der Nachlassplanung müssen mögliche steuerliche Auswirkungen berücksichtigt und sichergestellt werden, dass Ihre Begünstigten geschützt sind. Strategien wie Schenkungen, Spenden für wohltätige Zwecke und die Gründung von Treuhandfonds können dazu beitragen, die Steuerbelastung Ihres Nachlasses zu verringern und sicherzustellen, dass Ihre Lieben den größtmöglichen Nutzen daraus ziehen.

Wie erfolgt die Nachlassplanung?
Auch wenn die Nachlassplanung entmutigend erscheinen mag, kann die Aufteilung des Prozesses in einfache Teile dazu beitragen, dass er effektiv abgeschlossen wird. Hier finden Sie eine Schritt-für-Schritt-Anleitung zur Nachlassplanung:

1) Bestandsaufnahme und Bewertung: Machen Sie zunächst

eine Bestandsaufnahme Ihres Vermögens und ermitteln Sie dessen Wert. Dazu gehören Immobilien, Investitionen, Altersvorsorgekonten, Lebensversicherungen und persönliche Dinge. Bewerten Sie auch Ihre Verpflichtungen und bestehenden Schulden.

2) Benennung der Begünstigten: Entscheiden Sie, von wem Sie Ihr Vermögen erben möchten und verteilen Sie es entsprechend. Berücksichtigen Sie alle besonderen Umstände oder Einschränkungen, die Sie bei der Vermögensverteilung festlegen möchten.

3) Erstellen eines Testaments: Erstellen Sie ein rechtsverbindliches Testament, in dem Ihre Wünsche zur Vermögensverteilung, zur Vormundschaft für Kinder und zur Ernennung eines Testamentsvollstreckers dargelegt werden. Stellen Sie sicher, dass Ihr Testament den gesetzlichen Anforderungen des Landes entspricht, in dem Sie leben.

4) Gründung von Trusts: Richten Sie bei Bedarf Trusts ein, um Ihr Vermögen zu bewahren und zu verwalten. Trusts können Ihren Erben mehr Flexibilität, Kontrolle und Schutz bieten und gleichzeitig möglicherweise die Erbschaftssteuer senken.

5) Erteilung einer Vollmacht: Beauftragen Sie eine Person Ihres Vertrauens, die im Falle einer Arbeitsunfähigkeit in Ihrem Namen finanzielle und gesundheitliche Entscheidungen trifft. Mit einer Vorsorgevollmacht ist gewährleistet, dass Ihren Wünschen Rechnung getragen wird, auch wenn Sie diese selbst nicht artikulieren können.

6) Überprüfung und Aktualisierung: Bewerten und aktualisieren Sie Ihren Nachlassplan regelmäßig, wenn sich Ihre Umstände ändern. Lebensereignisse wie Heirat,

Scheidung, die Geburt von Kindern oder der Erwerb größerer Vermögenswerte erfordern möglicherweise eine Anpassung Ihrer Pläne.

Auch wenn Sie selbst einen grundlegenden Nachlassplan entwickeln können, ist es am besten, professionelle Beratung von einem Anwalt für Nachlassplanung oder einem Finanzberater einzuholen. Sie können Sie durch den Prozess führen, überprüfen, ob Ihre Unterlagen rechtlich einwandfrei sind, und Ihnen helfen, fundierte Entscheidungen zu treffen.

Die Notwendigkeit einer Nachlassplanung
Nachlassplanung ist nicht nur etwas für Reiche; Es ist wichtig für jeden, der sein Vermögen schützen und sicherstellen möchte, dass seine Lieben versorgt sind. Deshalb ist die Nachlassvorbereitung von entscheidender Bedeutung:

1) Vermögensverteilung: Mit der Nachlassplanung können Sie entscheiden, wie Ihr Vermögen nach Ihrem Tod ausgezahlt werden soll. Ohne einen Plan kann es sein, dass Ihr Vermögen einem Nachlassgerichtsverfahren unterliegt, was zu Verzögerungen und möglicherweise unerwünschten Verteilungen führt.

2) Konflikte minimieren: Ein detaillierter Nachlassplan verringert das Risiko von Streitigkeiten zwischen Familienmitgliedern über die Vermögensverteilung. Indem Sie Ihre Wünsche klar artikulieren, können Sie dazu beitragen, Konflikte zu vermeiden und den Familienfrieden zu fördern.

3) Steuereffizienz: Durch die Einbeziehung von Steuerplanungstaktiken in Ihren Nachlassplan können Sie die Erbschaftssteuern senken und Ihren Erben mehr Vermögen hinterlassen. Professionelle Unterstützung kann Ihnen dabei helfen, Ihren Nachlassplan im Hinblick auf Steuereffizienz zu optimieren.

4) Spenden für wohltätige Zwecke: Sie können einen dauerhaften Beitrag zu Organisationen und Anliegen leisten, die für Sie von Bedeutung sind, indem Sie eine Wohltätigkeitsstiftung gründen oder Ihrem Nachlassplan gemeinnützige Nachlässe hinzufügen.
Durch Nachlasspläne können Sie sicherstellen, dass Ihre Wünsche erfüllt, Ihre Lieben versorgt und Ihr Vermögen geschützt werden.

Um Ihr Vermögen zu schützen und Ihre finanzielle Zukunft zu sichern, ist ein proaktives Vorgehen erforderlich. Sie können die Komplexität der Vermögenserhaltung sicher meistern, indem Sie proaktive Maßnahmen zum Schutz Ihres Vermögens ergreifen, wie z. B. Diversifizierung, Risikomanagement, Versicherungen und Nachlassplanung.

In diesem ausführlichen Leitfaden habe ich den Wert von Versicherungen für den Schutz Ihres Vermögens, die Rolle des Vermögensschutzes bei der Vermögensverwaltung und die Rolle der Nachlassplanung bei der Vermögensverwaltung behandelt. Sie können Ihr Vermögen schützen, ein bleibendes Erbe hinterlassen und Ihre finanzielle Zukunft sichern, indem Sie diese Strategien in Ihren Finanzplan integrieren.

Die ersten Schritte, die Sie unternehmen sollten, sind die Beurteilung Ihrer finanziellen Situation, die Prüfung einer Versicherung und die Entscheidung, ob eine Nachlassplanung notwendig ist oder nicht. Wenn Sie mit Experten auf diesen Gebieten sprechen, erhalten Sie die nötigen Hinweise und Kenntnisse, um einen maßgeschneiderten Vermögensschutzplan zu entwerfen, der Ihren Prioritäten und Zielen entspricht.

Wie immer sind strategische Vorbereitung und Handeln der Schlüssel zum Wachstum und Erhalt von Wohlstand. Schützen Sie Ihr Kapital jetzt für eine bessere finanzielle Zukunft. Zusammenfassend

Für viele Menschen ist es ein weiteres wichtiges Ziel, einen Notgroschen aufzubauen, der es Ihnen ermöglicht, in den Ruhestand zu gehen oder eine beliebige Karriere zu verfolgen – ohne sich von der Notwendigkeit leiten zu lassen, jedes Jahr einen bestimmten Betrag zu verdienen. Finanzielle Freiheit bedeutet, dass Sie über genügend Ersparnisse, Investitionen und Bargeld verfügen, um sich und Ihrer Familie den Lebensstil leisten zu können, den Sie sich wünschen.

Finanzielle Freiheit: Was ist das?

Jeder hat seine eigene Definition von finanzieller Unabhängigkeit, aber für die meisten Menschen bedeutet es, über genügend Bargeld, Vermögen und Ersparnisse zu verfügen, um einen bestimmten Lebensstil zu finanzieren, außerdem über eine Altersvorsorge oder die Möglichkeit, einem Beruf nachzugehen, ohne einen Mindestlohn erfüllen zu müssen.

Leider mangelt es zu vielen Menschen weit an finanzieller Freiheit. Selbst wenn es nicht zu sporadischen finanziellen Notfällen kommt, ist die steigende Verschuldung aufgrund übermäßiger Ausgaben eine ständige Belastung, die sie daran hindert, ihre Ziele zu erreichen. Wenn eine große Krise Pläne völlig durchkreuzt, etwa ein Hurrikan, ein Erdbeben oder eine Pandemie, werden weitere Lücken in den Sicherheitsnetzen sichtbar.

Bei fast jedem treten Probleme auf; Die folgenden Verhaltensweisen können Ihnen jedoch helfen, wieder auf den richtigen Weg zu kommen:

1. Legen Sie Lebensziele fest.
Was bedeutet es für Sie, finanziell frei zu sein? Jeder möchte finanziell frei sein, aber das ist ein ziemlich allgemeines Ziel. Sie müssen präziser sagen, was Sie wollen und wann Sie es wollen. Je detaillierter Ihre Ziele sind, desto wahrscheinlicher ist es, dass Sie sie erreichen.

Halten Sie diese drei Ziele schriftlich fest:
- Was Ihr Lebensstil erfordert
- Der Geldbetrag, den Sie auf Ihrem Bankkonto benötigen, um dies zu ermöglichen.
- Wann ist das Mindestalter, um so viel Geld zu sparen?

Notieren Sie anschließend sorgfältig alle Beträge und Fristen und platzieren Sie die Zielseite vorne in Ihrem Finanzordner. Zählen Sie von Ihrem Stichtag bis zu Ihrem tatsächlichen Alter rückwärts und richten Sie in regelmäßigen Abständen zwischen den beiden Daten finanzielle Meilensteine ein.

2. Erstellen Sie jeden Monat einen Ausgabenplan.
Die einfachste Methode, um sicherzustellen, dass alle Ihre Ausgaben bezahlt werden und Ihre Ersparnisse auf dem richtigen Weg sind, besteht darin, ein monatliches Familienbudget zu erstellen und einzuhalten. Es ist auch ein regelmäßiges Ritual, das Ihnen hilft, motiviert zu bleiben, dem Impuls, sich etwas zu gönnen, zu widerstehen.

3. Schließen Sie die Kreditkartenzahlung ab
Es ist unerlässlich, Kreditkarten und andere hochverzinsliche Verbraucherkredite jeden Monat vollständig abzubezahlen. Studiendarlehen, Hypotheken und andere ähnliche Darlehen haben in der Regel viel niedrigere Zinssätze; Es ist kein Notfall, sie abzubezahlen. Dennoch ist die rechtzeitige Zahlung dieser zinsgünstigeren Kredite nach wie vor von entscheidender Bedeutung, da sie Ihnen dabei hilft, eine gute Kreditwürdigkeit aufzubauen.

4. Etablieren Sie autonome Ersparnisse
Ihre erste Priorität sollte darin bestehen, auf sich selbst aufzupassen. Sie sollten dem Rentenplan Ihres Arbeitgebers beitreten und alle entsprechenden Beitragsvorteile – im Grunde kostenloses Geld – in vollem Umfang nutzen sowie automatische Abhebungen in einen Notfallfonds einrichten, den Sie für unvorhergesehene Ausgaben und Beiträge auf ein Maklerkonto oder ähnliches verwenden können.

Das Geld für Ihre Renten- und Notfallkasse sollte idealerweise noch am selben Tag von Ihrem Konto abgebucht werden, an dem Sie das Geld erhalten, sodass es nicht in Ihren Händen liegt.

Denken Sie daran, dass der empfohlene Betrag für einen Notfallfonds je nach Ihrer spezifischen Situation variiert; Darüber hinaus unterliegen steuerbegünstigte Altersvorsorgekonten Einschränkungen, die den Zugriff auf Ihr Geld im Notfall erschweren können. Daher sollten Sie dieses Konto nicht als einzige Quelle für Notfinanzierungen verwenden.

5. Investieren Sie sofort.
Obwohl Bärenmärkte oder schlechte Aktienmärkte den Einzelnen an der Logik des Investierens zweifeln lassen

könnten, gab es in der Vergangenheit noch nie eine bessere Methode, um Geld zu vermehren. Der Zinseszins allein hat die Fähigkeit, das Geld enorm zu vermehren, aber es kann lange dauern, bis ein nennenswertes Wachstum erreicht wird.

Das ultimative Ziel des Finanzmanagements ist die finanzielle Unabhängigkeit, die angesichts steigender Schulden, unerwarteter Ausgaben, gesundheitlicher Probleme und Mehrausgaben eine große Herausforderung darstellen kann, aber mit Disziplin und sorgfältiger Vorbereitung erreichbar ist.

6. Überwachen Sie Ihre Kreditauskunft.
Bei der Refinanzierung Ihres Hauses oder dem Kauf eines neuen Autos hängt die Höhe des Kreditzinssatzes stark von Ihrer Kreditwürdigkeit ab.
Es wirkt sich auch auf die Kosten einer Reihe anderer lebensnotwendiger Dinge aus, beispielsweise einer Lebensversicherung und einer Autoversicherung.

Von einer Person mit gefährlichen finanziellen Gewohnheiten wird angenommen, dass sie auch in anderen Lebensbereichen rücksichtslos ist, beispielsweise wenn sie sich nicht um ihre Gesundheit kümmert oder sogar nach dem Trinken Auto fährt.
Deshalb sind Bonitätsbewertungen so wichtig.
Aus diesem Grund ist es wichtig, regelmäßig eine Kopie Ihrer Kreditauskunft zu erhalten, um sicherzustellen, dass Ihr Ruf nicht durch falsche negative Informationen geschädigt wird. Um Ihre Kreditwürdigkeit abzusichern, kann es sich auch lohnen, einen zuverlässigen Kreditüberwachungsdienst in Anspruch zu nehmen.

7. Schnäppchen für Produkte und Dienstleistungen
Überwinden Sie die Angst, bei Verhandlungen über Waren und Dienstleistungen billig zu wirken, und Sie könnten

jährlich Tausende von Dollar sparen. Kleine Unternehmen sind besonders verhandlungsfreudig, daher kann die Nutzung von Mengenrabatten und die Etablierung als treuer Kunde zu günstigen Konditionen führen.

8. Setzen Sie Ihre Ausbildung in Geldangelegenheiten fort.
Wissen ist auch die beste Verteidigung gegen Betrüger, die unbedarfte Investoren ausnutzen, um schnell Geld zu verdienen; Überprüfen Sie relevante Änderungen im Steuerrecht, um sicherzustellen, dass alle Anpassungen und Abzüge jedes Jahr maximiert werden. Bleiben Sie über Finanznachrichten und Entwicklungen an der Börse auf dem Laufenden; und zögern Sie nicht, Ihr Anlageportfolio entsprechend anzupassen.

9. Kümmern Sie sich um Ihr Vermögen
Die Wartungskosten betragen nur einen Bruchteil der Kosten für den Austausch, es handelt sich also um eine nicht zu vernachlässigende Investition. Die richtige Pflege Ihres Eigentums verlängert die Lebensdauer von Fahrzeugen und Rasenmähern bis hin zu Schuhen und Kleidung.
Erwerben Sie die Fähigkeit, zwischen Notwendigkeiten und Wünschen zu unterscheiden.

10. Begnügen Sie sich mit weniger, als Sie können
Beim Lernen, sparsam zu leben, geht es darum, eine Mentalität anzunehmen, die darauf ausgerichtet ist, mit weniger auszukommen, und das ist gar nicht so schwer, wie Sie vielleicht denken. Tatsächlich lernten viele wohlhabende Menschen, unter ihren Verhältnissen zu leben, bevor sie reich wurden.

Einen minimalistischen Lebensstil anzunehmen ist nicht schwer; Sie müssen lediglich lernen, zwischen den Dingen, die Sie wirklich brauchen, und denen, die Sie sich nur wünschen, zu unterscheiden und dann geringfügige Änderungen vorzunehmen, die zu erheblichen Verbesserungen Ihres finanziellen Wohlergehens führen.

11. Konsultieren Sie einen Finanzberater.
Holen Sie sich einen Finanzberater, der Ihnen dabei hilft, auf dem richtigen Weg weiterzumachen, wenn Sie einen Punkt erreicht haben, an dem Sie einen ansehnlichen Geldbetrag angesammelt haben, entweder in Form von Anlagevermögen (Eigentum oder etwas, das nicht ohne weiteres in Bargeld umgewandelt werden kann) oder liquide Mittel (Bargeld oder alles, was leicht in Bargeld umgewandelt werden kann).

12. Achten Sie auf Ihre Gesundheit.
Das Sprichwort „Erhaltung ist notwendig" gilt auch für Ihren Körper, und die Aufrechterhaltung einer guten körperlichen Gesundheit hat einen großen positiven Einfluss auf Ihr finanzielles Wohlergehen.
In Ihre Gesundheit zu investieren ist nicht schwer; Es sind lediglich regelmäßige Kontrolluntersuchungen bei Ärzten und Zahnärzten sowie die Befolgung ärztlichen Rats zu etwaigen Problemen erforderlich. Eine gesunde Ernährung und mehr Bewegung können zur Vorbeugung oder Behandlung vieler Erkrankungen beitragen.

Andererseits kann sich eine schlechte Erhaltung der Gesundheit im Laufe der Zeit negativ auf Ihre finanziellen Ziele auswirken. Einige Unternehmen haben beispielsweise begrenzte Krankheitstage, was bedeutet, dass Sie Ihren Job verlieren, sobald die bezahlten Tage aufgebraucht sind. Übergewicht und andere ernährungsbedingte Erkrankungen können die Versicherungsprämien in die Höhe schnellen lassen. Schließlich kann ein schlechter Gesundheitszustand Sie dazu zwingen, vorzeitig in den Ruhestand zu gehen und für den Rest Ihres Lebens mit einem geringeren monatlichen Einkommen zu leben.

www.ingramcontent.com/pod-product-compliance
Lightning Source LLC
Chambersburg PA
CBHW070156230526
45471CB00002B/695